马克思主义学生读本

什么是"三个代表"重要思想?

丛书主编：韩喜平
本书著者：张衍丽

编委会：韩喜平　邵彦敏　吴宏政
　　　　王为全　罗克全　张中国
　　　　王　颖　石　英　里光年

吉林出版集团股份有限公司

图书在版编目（CIP）数据

什么是"三个代表"重要思想？/张衍丽著. -- 长春：吉林出版集团股份有限公司，2012.12（2021.2重印）
（马克思主义学生读本）

ISBN 978-7-5534-1160-6

Ⅰ.①什… Ⅱ.①张… Ⅲ.①"三个代表"—青年读物②"三个代表"—少年读物 Ⅳ.①D26-49

中国版本图书馆CIP数据核字(2012)第291621号

什么是"三个代表"重要思想？
SHENME SHI SANGE DAIBIAO ZHONGYAO SIXIANG？

丛书主编：	韩喜平
本书著者：	张衍丽
项目策划：	范中华　徐树武
责任编辑：	陈　曲
出　　版：	吉林出版集团股份有限公司
发　　行：	吉林出版集团社科图书有限公司
电　　话：	0431-81629720
印　　刷：	永清县晔盛亚胶印有限公司
开　　本：	710mm×960mm　1/16
字　　数：	100千字
印　　张：	12
版　　次：	2012年12月第1版
印　　次：	2021年2月第4次印刷
书　　号：	ISBN 978-7-5534-1160-6
定　　价：	36.00元

如发现印装质量问题，影响阅读，请与出版方联系调换。

序　言

　　习近平总书记指出,青年最富有朝气、最富有梦想,青年兴则国家兴,青年强则国家强。青年是民族的未来,"中国梦"是我们的,更是青年一代的,实现中华民族伟大复兴的"中国梦"需要依靠广大青年的不断努力。

　　要提高青年人的理论素养。理论是科学化、系统化、观念化的复杂知识体系,也是认识问题、分析问题、解决问题的思想方法和工作方法。青年正处于世界观、方法论形成的关键时期,特别是在知识爆炸、文化快餐消费盛行的今天,如果能够静下心来学习一点理论知识,对于提高他们分析问题、辨别是非的能力有着很大的帮助。

　　要提高青年人的政治理论素养。青年是祖国的未来,是社会主义的建设者和接班人。党的十八大报告指出,回首近代以来中国波澜壮阔的历史,展望中华民族充满希望的未来,我们得出一个坚定的结论——实现中华民族伟大复兴,必须坚定不移地走中国特色社会主义道路。要建立青年人对中国特色社会主义的道路自信、理论自信、制度自信,就必须要对他们进行马克思主义理论教育,特别是中国特色社会主义理论体系教育。

　　要提高青年人的创新能力。创新是推动民族进步和社会发展的不竭动力，培养青年人的创新能力是全社会的重要职责。但创新从来都是继承与发展的统一，它需要知识的积淀，需要理论素养的提升。马克思主义理论是人类社会最为重大的理论创新，系统地学习马克思主义理论有助于青年人创新能力的提升。

要培养青年人的远大志向。"一个民族只有拥有那些关注天空的人，这个民族才有希望。如果一个民族只是关心眼下脚下的事情，这个民族是没有未来的。"马克思主义是关注人类自由与解放的理论，是胸怀世界、关注人类的理论，青年人志存高远，奋发有为，应该学会用马克思主义理论武装自己，胸怀世界，关注人类。

正是基于以上几点考虑，我们编写了这套《马克思主义学生读本》系列丛书，以便更全面地展示马克思主义理论基础知识。希望青年朋友们通过学习，能够切实收到成效。

韩喜平

2013年8月

目　录

引　言 / 001

第一章　居安思危：思想提出的实践基础 / 003

第一节　国际形势的变化对党和国家提出了新要求 / 005

第二节　国内改革开放发展对党和国家提出了新要求 / 008

第三节　党的建设面临新问题对党和国家提出了新要求 / 010

第二章　一脉相承：思想形成的理论渊源 / 013

第一节　马克思主义历史唯物论是"三个代表"重要思想的哲学渊源 / 015

第二节　毛泽东思想和邓小平理论是"三个代表"重要思想的哲学渊源 / 017

第三节　"三个代表"重要思想与马列主义、毛泽东思想和邓小平理论是一脉相承的 / 019

第三章　继往开来：思想的历史地位 / 024

第一节　"三个代表"重要思想是马克思主义中国化的最新理论成果 / 026

第二节　"三个代表"重要思想是建设中国特色社会主义的行动指南 / 028

第三节　"三个代表"重要思想是我党长期的指导思想 / 032

第四章　与时俱进：思想的科学体系 / 034

第一节　"三个代表"重要思想的核心内容及其相互关系 / 036

第二节　"三个代表"重要思想科学体系的主要内容 / 039

第五章　当务之急：发展社会主义先进生产力 / 046

第一节　先进生产力的科学内涵 / 048

第二节　代表中国先进生产力的发展要求 / 051

第三节　发展是党执政兴国的第一要务 / 054

第六章　依法治国：建设社会主义政治文明 / 056

第一节　依法治国，建设社会主义法制国家 / 058

第二节　推进政治体制改革，发展社会主义民主政治 / 061

第三节　尊重和保障人权，建设社会主义政治文明 / 064

第七章 以德治国：发展社会主义先进文化 / 066

第一节 先进文化的含义及其特征 / 068

第二节 德治的科学内涵 / 071

第三节 德治与社会主义先进文化 / 073

第八章 执政之基：为了最广大人民的根本利益 / 077

第一节 尊重人民的历史主体地位 / 079

第二节 为人民谋利益是中国共产党的根本宗旨 / 081

第三节 人民群众是中国共产党执政之基 / 083

第四节 人民群众是党和国家各项事业发展的力量之源 / 085

第九章 立党之本：永葆党的先进性 / 088

第一节 党的先进性是党生存和发展的根本依据 / 090

第二节 全面把握无产阶级政党先进性的标准 / 092

第三节 保持党的先进性的根本要求是自觉践行"三个代表" / 095

第十章 改革创新：全面推进党的建设 / 098

第一节 中国共产党的性质和宗旨 / 100

第二节　加强党的建设的总要求 / 102

第三节　以改革创新的精神，全面推进党的建设 / 105

第十一章　发展战略：全面建设小康社会 / 108

第一节　全面建设小康社会的目标 / 110

第二节　"三个代表"重要思想是全面建设小康社会的根本指针 / 114

第十二章　百年大计：实现中华民族的伟大复兴 / 118

第一节　中华民族伟大复兴的实质和内涵 / 120

第二节　中国共产党和中华民族伟大复兴 / 122

第三节　"三个代表"是实现中华民族伟大复兴的保证 / 124

知识链接 / 128

引 言

2000年2月25日,江泽民同志在广东考察工作并发表重要讲话。正是在这次讲话中,江泽民同志第一次明确而完整地提出了"三个代表"重要思想,并认为这是总结我们党70多年的历史得出的重要结论,而在新的历史条件下如何更好地做到"三个代表"是一个需要深刻思考的重大课题。

"三个代表"重要思想的主要内容是:中国共产党始终代表中国先进生产力的发展要求;中国共产党始终代表中国先进文化的前进方向;中国共产党始终代表中国最广大人民的根本利益。

胡锦涛同志在中国共产党第十八次全国代表大会的报告中指出:"总结十年奋斗历程,最重要的就是我们坚持以马克思列宁主义、毛泽东思想、邓小平理论、'三个代表'重要思想为指导,勇于推进实践基础上的理论创新,围绕坚持和发展中国特色社会主义提出一系列紧密相连、相互贯通的新思想、新观点、新论断,形成和贯彻了科学发展观。"

"三个代表"重要思想的提出具有重大意义,是对马克思主义唯物论的新贡献;是对科学社会主义的新概括,标志着关于社会主义本质和社会主义发展道路理论的统一与创新;是对马克思主义建党学说的新发展。同时,"三个代表"重要思想还集中概括了我们党和国家全部理论活动、实践活动,包括一切工作的根本方向、根本准则、根本依据;是新世纪指引我们党和国家伟大进军的行动指南;是对马克思列宁主义、毛泽东思想、邓小平理论的继承和发展,反映了当代世界和中国的发展变化对党和国家工作的新要求;是加强和改进党的建设、推进我国社会主义自我完善和发展的强大理论武器;是中国共产党集体智慧的结晶,是党必须长期坚持的指导思想。始终做到"三个代表",是中国共产党的立党之本、执政之基、力量之源。

第一章　居安思危：思想提出的实践基础

1991年12月25日，莫斯科红场寒风凛冽，一面印着镰刀和锤子的国旗从克里姆林宫上空悄然降下，而另一面沙皇三色旗缓缓升起。世界上第一个社会主义国家，一个在世界政治舞台上叱咤风云近70年、唯一能与美国分庭抗礼的超级大国——苏联，就这样土崩瓦解了。人们不禁要问：苏联作为一个曾盛极一时、不可一世的红色帝国，不论是列强的武装干涉、经济封锁，还是世界大战都未曾将它摧垮，为什么却在国际形势趋缓的情况下，顷刻之间灰飞烟灭了呢？

苏共垮台，垮就垮在严重脱离群众，已不代表大多数人民的根本利益。"水可载舟亦可覆舟"。剧变时，苏联相当多老百姓的心态是，你苏共在不在台上与我不相干，有的甚至认为换别人上来可能更好。相当多的民众已不关心苏共的死活了，这对于苏共来说是致命的。剧变期间，苏联有个民意调查机构就"苏共代表谁"搞过一个社会调查,其结果显示:认为苏共代表全体劳动人民的只占7%;认为代表工人的占4%;认为代表全体党员的也只占11%。这说明苏共已完全丧失了代表大多数人民根本利益的基本宗旨,完全丧失了作为共产党的基本要求。

苏共脱离了人民群众,忽略了人民的切实利益,因此当红旗在克里姆林宫降落时,红场是那样的冷清,群众是那样的平静。由此可见,当党失去了群众基础,其生存的根本便被动摇了,亡党已不可避免。所以,代表最广大人民群众的根本利益是执政的共产党保持执政地位的根本保证,人民拥护不拥护、人民赞成不赞成、人民答应不答应是共产党各项工作的根本准则,这是巨大的历史代价换来的真理。

前车之鉴,后世之师。进入新世纪的中国共产党将面临更加严峻的考验。21世纪,中国共产党能否在世界大转折中走在时代的前列,能否在中国大发展中走在领导中华民族伟大复兴事业的前列,能否经得起任何风险的考验,永葆自身的先进性,这是时代向中国共产党提出的重要课题。正是在这样的时代背景下,以江泽民同志为核心的第三代党中央领导集体,在深刻思考"建设什么样的党,怎样建设党"这一关键问题中,提出了"三个代表"重要思想,这是我们党对新的历史条件下党的建设面临的严重考验所作出的最集中的概括。

第一节 国际形势的变化对党和国家提出了新要求

当今世界的深刻变化是"三个代表"重要思想提出的国际背景,"三个代表"思想是在国际形势发生重大变化的条件下对党的建设面临的严峻考验的科学回应。

从世界政治格局来看,多极化趋势越来越明显。20世纪80年代末90年代初,伴随东欧剧变和苏联解体,原有的两极对峙格局结束,世界开始多极化进程。这一重大变化,使得世界出现许多新情况:大国关系在重新调整,一些过去被两极格局掩盖的矛盾,如地区冲突、民族矛盾和宗教纷争等问题开始暴露出来。特别是新的霸权主义和强权政治有所抬头,以美国为首的西方资本主义国家对我国"西化"、"分化"的图谋不会改变。尽管和平与发展的世界主题不会改变,但"我们必须清醒地看到,由于世界力量对比严重失衡,美国在经济、科技、军事上处于超强地位,世界走向多极化的进程不会一帆风顺,将会经历一个较长的发展过程"。这一过程必然会充满着各种政治力量的激烈斗争。我们同西方敌对势力渗透与反渗透、遏制与反遏制、分裂与反分裂、颠覆与反颠覆、演变与反演变的斗争,是长期、复杂、尖锐的。这一切又对中国共产党在错综复杂的世界中,在各种政治文化力量的激荡中始终保持先进性提出了更高的要求。

从世界经济发展态势来看,经济全球化已成为一个不可阻挡的历史潮流。世纪之交，经济全球化的微观载体——跨国公司的生产经营和规模迅速发展，以强强联合为特征的兼并浪潮风起云涌，跨国公司成为影响世界经济发展的重要因素。伴随经济全球化进程，区域经济向集团化发展，北美自由贸易区、欧盟、拉美南方共同市场、亚太经合组织等世界经济组织开始有了实质性的意义。经济全球化的迅猛发展，给所有国家特别是像中国这样的发展中大国的发展带来了空前的机遇和严峻的挑战。它既给共产党提供了实现先进性的前所未有的可能和条件，也给执政的共产党参与经济全球化进程提出了前所未有的挑战。正如江泽民同志所说："经济全球化作为一个客观进程，具有两重性。西方发达国家力图主导经济全球化，发展中国家总体上处于弱势，如果没有正确的对策就会落入更加不利的地位。"改革开放30多年来，我国综合国力大大增强，但与发达国家相比，还有很大差距。对外开放不断扩大，特别是加入WTO后，我国经济发展受国际经济运行的影响也会随之增加，在国际竞争中我们会学到很多东西，但也将面临许多不利因素，竞争会更加激烈，保持我国经济发展的良好势头、维护国家经济利益和安全的任务将更为艰巨。

从文化上来看，20世纪90年代以来，以信息技术和生物技术为核心的现代科学技术的迅猛发展，对经济、社会的影响日益增强。科技的创新，知识经济的发展，信息的网络化和数字化，不仅影响和改变着国家的经济结构、综合国力，而且影响着政治格局，改变着人类的社会生活。现在许多国家都在研究对策，力争在国际竞争中抢占一席之地。一些发达国家依靠自己的经济实力和科技优势，正投入巨资，力图发展本国的所谓"新经济"。广大发展中国家包括我国，通过学习发达国家的先进技术和经验来实现赶超的难度也将增加。此外，我们还必须看到，在经济全球化和信息网络化的条件下，世界各国优秀文明成果不断传播。各种思想文化相互激荡，不同意识形态的斗争长期存在，有时会相当复杂、尖锐。西方敌对势力不愿意看到社会主义中国发展壮大，千方百计想搞垮中国共产党的领导和社会主义制度。

总之，面对国际范围内各种复杂的矛盾和问题，我们党能否抓住机遇，抵御各种风险和战胜各种困难，继续把建设有中国特色社会主义事业向前推进，领导中国人民在新的世纪实现中华民族的伟大复兴，是关系广大人民根本利益、关系国家兴衰、关系党和社会主义前途命运的重大问题。江泽民同志指出："时代在发展，形势在变化，我们党要不断巩固自己的执政地位，必须紧跟世界发展进步的潮流，始终代表中国先进生产力的发展要求、先进文化的前进方向和最广大人民的根本利益，坚持解决党内存在的突出问题。""三个代表"提出的出发点和着眼点就在这里。

第二节　国内改革开放发展对党和国家提出了新要求

就国内形势来讲，经过20多年的努力，我国社会主义现代化建设进入了攻坚阶段，改革开放进入了关键时期，我国社会生活发生了深刻变化。社会经济成分、组织形式、就业方式、分配方式、利益关系等日益多样化，这给我们党执政和领导各项事业提出了新的更高的要求。

从社会经济体制看，传统的计划经济逐步向社会主义市场经济转变。社会主义市场经济的发展，拓宽了人们的经济活动领域，在党政机关、事业单位和国有企业之外，出现了新的经济组织和社会活动领域。如非公有制企业的大量出现，不少人可以自谋职业，农民可以进城打工等，同时也增强了人们在生产与经营方面的自主性和灵活性。面对这种新的情况，如何使党的领导方式和执政方式更适合新形势、新任务的要求，在新的经济领域和社会活动领域如何加强党的领导，是摆在我们党面前的新课题。

在就业、分配等方面出现了多样化。在这种多样化的就业方式下，收入分配将会使不同地区、不同部门、不同职业的群众在既得利益上产生较大的差别。面对这种情况，我们党如何能更好地代表广大人民群众的利益和不同社会群体的具体利益，处理好效率与公平的关系，是摆在我们党面前需要重点解决的新问题。

随着改革的深入和社会主义市场经济的发展，物质利益的多样化日趋明显，群众的不同利益要求也越来越多样化。在社会主义市场经济条件下，有的优化了资源配置方式，使生产力大大提高，人民生活水平也就愈来愈高，一部分人先富了起来；有的技术落后，产业结构不合理，导致企业被淘汰，职工下岗；也有的凭借行业的垄断和某些特殊条件获得大量的额外收入等，造成了收入不等，大众心理不平衡等问题。面对社会出现的新问题，我们党如何发挥总揽全局协调各方面的领导作用，利用党的各项方针政策去保护广大人民群众的合法利益，是摆在我们党面前必须慎重考虑的一个重要问题。

随着改革开放的深入和社会主义市场经济体制的逐步建立，随着我国加入世界贸易组织的进程的推进，涉及深层次矛盾的改革已全面展开，政府机构改革、国有企业改革、社会保障制度的改革等正在整体推进。社会经济成分和经济利益、社会生活方式、社会组织形式、就业岗位和就业方式的日趋多样化，在为人们创造发挥潜能的社会条件的同时，也带来了思想观念和价值取向的多样化。在社会主义初级阶段，封建主义、资本主义腐朽思想还有相当的影响，加之目前世界社会主义运动处于低潮，西方敌对势力加紧对我国实施"西化"、"分化"、"弱化"战略。在这种情况下，如何加强党的自身建设，保持党的先进性和活力；如何进一步加强和改善党的领导；如何加强基层党组织建设、发挥基层党组织的战斗堡垒作用和党员的先锋模范作用；如何加强对党员的教育管理，提高党员的素质等，这些都是需要我们党进一步研究解决的课题。不解决这些课题，党就不能站在时代的前列领导和团结全国人民实现民族复兴的宏伟大业。

社会主义在发展，改革在深入，国内新时期、新任务、新矛盾，需要我们党权衡利弊、协调关系，处理好各种问题，不断地解决各种矛盾，这是对我们党执政水平和治国能力的新考验。

第三节 党的建设面临新问题对党和国家提出了新要求

中国共产党已经走过了80多年的历史，党的队伍、党所处的地位和环境、党所肩负的职责和任务都发生了重大变化。在世纪之交，党自身的变化既给党的发展带来了新的活力，也使党面临着新的机遇和挑战。

建党80多年来，党员队伍发生了很大的变化：

一是数量多。全国党员人数已超过6600万人，党员人数约占全国人口总数的5.2%，我们党已经由一个几十人的小党发展成为领导13亿人口，进行社会主义现代化建设的第一大党。

二是新党员的数量大幅度增加。改革开放20多年来，全国党员数量由3007万发展到6600万，平均每年净增116多万。

三是党员素质特别是文化素质有了较大提高。党员队伍中具有高中以上学历的有3132万名，占党员总数的52%。其中大学专科以上学历的有1536.6万名，占总数的23.2%。

党的干部队伍也正在进行新老交替。新世纪初，一大批优秀的年轻党员干部陆续地走上了领导岗位。党的干部队伍将出现新一轮的整体性的新老交替。年轻的党员干部，年富力强、精力充沛，文化程度较高，思想比较活跃，开拓进取精神较强，能较好地完成各项工作任务。但是，由于种种原因，在他们身上也存在着一些不容忽视的弱点和不足。正如江泽民同志所指出的那样："现在40岁上下的年轻干部，一般都接受了马克思主义和党的优良传统的教育，但还不够系统、扎实。他们对中共的历史和现状有不少了解，但还不够深入、广泛。他们也经受了一定的党内生活和社会实践的锻炼，但还不够全面、严格。也就是说，这一代年轻干部，还缺乏马克思主义基本理论的扎实功底，缺乏对中国历史和现实的系统了解，缺乏党内生活和艰苦环境的严格锻炼。"在全面建设小康社会的新阶段，如何培养和选拔大批政治合格、业务过硬、作风优良的优秀年轻干部，是一项艰巨的战略任务，我党必须切实、抓紧做好。

在改革开放20多年中，我们党的队伍从总体上看主流是好的。绝大多数的党员都能自觉地站在改革开放现代化建设的前列，辛勤工作，无私奉献，时时、事事、处处起模范带头作用，无愧于共产党员这个光荣称号。但也要看到，在党内也存在这样或那样的问题。江泽民同志将党内存在的各种突出问题，概括为三个"相当不少",即"现在党的建设同新形势新任务不相适应的地方还相当不少;党内在思想上、组织上、作风上存在的不符合甚至违背党和人民利益的问题也相当不少;在加强党的建设方面,我们需要研究解决的新情况新问题也相当不少"。这些问题的存在,削弱了党的凝聚力、战斗力,败坏了党和群众的关系,严重地损害了党的形象。如果我们不下最大的决心加以解决,就会带来严重的后果。

上述问题的存在,向我们提出了一个值得深思的问题,那就是越是改革开放,越是发展社会主义市场经济,越要从严治党。只有这样,我们才能始终保持工人阶级先锋队、中国人民和中华民族先锋队的性质,始终代表广大人民群众的根本利益,始终经得起各种风险和困难的考验,使党始终成为建设中国特色社会主义事业的领导核心。

总之,以江泽民为核心的党中央第三代领导集体以马克思主义政治家和战略家的洞察力,从时代发展的潮流和国际、国内和党内出现的新情况、新问题出发,站在世纪之交的历史制高点上,正确地回答了"建设一个什么样的党,怎样建设党"的问题。在这样一个历史背景下,提出了"三个代表"重要思想的科学论断。

第二章　一脉相承：思想形成的理论渊源

1945年7月，将近古稀之年的黄炎培以国民参政员的身份访问延安，第一次亲眼目睹了共产党的施政政策和解放区的成就，大为感慨。在延安，毛泽东专门邀请黄炎培等人到他家里做客，两人整整长谈了一个下午。毛泽东问黄炎培，来延安考察了几天有什么感想？黄炎培坦率地说："我生60多年，耳闻的不说，所亲眼看到的，真所谓'其兴也勃焉，其亡也忽焉'。一人、一家、一团体、一地方乃至一国，不少单位都没能跳出这周期率的支配力。大凡初时聚精会神，没有一事不用心，没有一人不卖力，也许那时艰难困苦，只有从万死中觅取一生。继而环境渐渐好转了，精神也渐渐放下了。有的因为历时长久，自然地惰性发作，由少数演为多数，到风气养成，虽有大力，无法扭转，并且无法补救。也有因为区域一步步扩大了，它的扩大，有的出于自然发展；有的为功业欲所驱使，强求发展，到干部人才渐渐竭蹶，艰于应付的时候，环境倒越加复杂起来了，控制力不免薄弱了。一部历史，'政怠宦成'的也有，'人亡政息'的也有，'求荣取辱'的也有。总之，没有能跳出这个周期率。中共诸君从过去到现在，我略略了解的，就是希望找出一条新路，来跳出这个周期率的支配。"黄炎培这一席耿耿诤言，掷地有声。毛泽东听后，感慨地答道："我们已经找到了新路，我们能跳出这周期率。这条新路，就是民主。只有让人民来监督政府，政府才不敢松懈；只有人人起来负责，才不会人亡政息。"毛泽东这番话至今仍是至理名言。

在50多年的执政历程中，我们党对执政条件下如何拒腐防变、加强自身建设一直进行着不懈地探索，为避免"历史周期率"的重演，作了很大的努力，积累了丰富的经验。以毛泽东为核心的中共第一代领导集体，在执政后始终围绕着一个主题——党不变质，国不变色来思考党的建设问题。党的十一届三中全会以后，以邓小平为核心的党的第二代中央领导集体总结反思毛泽东探索执政党建设的经验教训，明确提出"执政党应该是一个什么样的党，执政党的党员应该怎样才合格，党怎样才叫善于领导"等一系列问题。他在领导改革开放的同时，在实践和理论上继续探索执政党的建设问题，取得了重大的进展，为党和国家的发展作出了杰出的贡献。

带着老一辈政治家的嘱托，肩负着人民的希望，以江泽民同志为核心的第三代领导集体，在探索执政党建设的道路上承前启后，继往开来，开始了新的征程。在对无产阶级执政后应当建设一个什么样的党和怎样建设党的这个根本问题作出了深入考查后，江泽民同志提出了"三个代表"重要思想。这是100多年来共产主义运动史上杰出的伟大理论创新，它以建党为主线，是在继承马克思主义、毛泽东思想和邓小平理论的理论成果的基础上，创新和发展了的马克思主义中国化的理论成果。

第一节 马克思主义历史唯物论是"三个代表"重要思想的哲学渊源

马克思主义历史唯物论阐明了生产力的发展，文化的进步，与人民群众根本利益的内在统一。历史唯物论证明，生产力是最基本的起决定作用的力量，最终决定社会总体面貌和历史发展；文化作为上层建筑适应着生产力的发展状况，并在相对独立发展的同时，通过经济基础反作用于生产力，从而影响社会总体面貌变化及历史演进。生产力由于劳动者最活跃、最革命因素的推动，总是不断地积累和发展，冲破一切障碍和束缚，由低向高发展，以先进取代落后。人类社会的文明进步就集中表现为生产力的发展和文化的发展，即两个文明的积累和进步。因此判定一个政党是先进还是落后，是推动历史进步还是阻碍社会发展，从根本上要看它是否代表先进生产力的发展要求和先进文化的前进方向。历史唯物论还证明：无论生产力的发展，还是文化的进步，其主体动力都是亿万人民群众。人民群众的历史活动创造了人类全部历史，创造了迄今为止的丰厚的物质文明和精神文明。人民群众既是物质文明和精神文明的创造者，也应当首先是物质文明和精神文明的拥有者、享有者。创造者与获得者的高度一致，体现着人民群众的根本利益。因此，能否坚持历史唯物论这一立场，维护创造者与获得者的一致，忠实代表最广大人民的根本利益，成为了区分政党是进步还是落后抑或反动的显著标志，也是一个政党不断发展壮大还是逐渐没落消亡的根本原因。我党诞生以来始终保持着强大的生命力，并不断发展壮大，领导人民实现了两次历史巨变，取得了举世瞩目的成绩，关键就在于始终促进了生产力的解放和发展，代表了中国现代工业先进生产力发展要求，推动科技进步和文化繁荣；代表了以马克思主义为指导的中国先进文化前进的方向，保障并逐步实现创造者与获得者的统一，代表了中国最广大人民追求祖国繁荣、生活富裕的根本利益。"三个代表"从根本上决定党的整体先进性和强大生命力，决定了党不可替代的历史地位和领导人民前进的资格。"三个代表"不是任意组合、简单相加，而是有严格的逻辑关系，是对我党前80年革命实践的总结与概括，阐明了我党的立党之本。

第二节　毛泽东思想和邓小平理论是"三个代表"重要思想的理论渊源

以毛泽东同志为核心的第一代中国共产党人把马列主义的基本原理与中国具体实践相结合，解决了在中国这块土地上如何在农民和其他小资产阶级之中建设一个具有广大群众性的、马克思主义的无产阶级先进政党，从而形成了一整套具有中国特色的党建理论。这一理论在高度重视党的组织建设的同时，把思想建设作为党的建设的首要任务而明确提出，指出党的性质，不仅仅是党员的社会出身，而是党的思想教育和政治教育；强调从思想上建党的目的就是使广大党员不仅在组织上入党，而且真正在思想上入党等丰富内容；实现了马列主义与中国实际相结合的第一次历史性飞跃，并产生了毛泽东思想。毛泽东党的建设理论与实践，是马列主义建党学说在中国的创造性运用和发展，为后来的中国共产党人高举马列主义理论的大旗不断前进，指出了明确的方向。

"三个代表"重要思想的理论根基和思想开端，也正是来自于毛泽东思想的基本原理，来自于革命导师们为无产阶级政党所制定的党的先进性和科学性的性质，来自于辩证唯物主义和历史唯物主义的基本理论。离开毛泽东思想，则不会有"三个代表"重要思想的产生。

十一届三中全会胜利召开之后，以邓小平同志为核心的第二代中央领导集体总结了"文革"期间正反两方面的经验教训，果断地把全党工作重点转移到经济建设上来，提出了社会主义的根本任务是发展生产力，强调我国正处于社会主义初级阶段。这是邓小平坚持历史唯物论，根据我国生产力及文化发展状况给我国现阶段所作的时空定位。社会主义初级阶段理论证明：社会主义在我国的建立极大地解放了生产力，并促进了生产力的发展。但由于我国社会主义一开始是建立在总体落后的生产力基础上的，所以现阶段社会生产力总体上还是比较落后的。与此相对应的，总体上满足人民物质、文化要求的水平还不高。因而现阶段社会的主要矛盾是人民日益增长的物质文化需求与落后的社会生产力之间的矛盾。从解决社会主要矛盾出发，关注生产力发展实际状况和人民日益增长的物质文化需求，即关注人民的根本利益的实现，就确定了以经济建设为中心，大力发展生产力，分步骤实现现代化，使国家和人民走向富强就成为了社会主义初级阶段的根本任务。

当前我党领导全国各族人民集中精力发展生产力，以先进生产力取代落后的生产力。为此，我们不断地深入改革和开放，制定了包括西部大开发和积极加入世贸组织等政策，这都是为了根本解决社会主要矛盾，加快中国的发展，实现人民的利益。同时，生产力的发展需要文化的发展与之相适应，在一些方面如教育科技等还应超前，为生产力提供方向保证、智力支持和精神动力，即两手抓两手都要硬，社会才能协调发展，两个文明都搞好了，才真正是中国特色社会主义。这不仅是社会历史发展规律的内在要求，同时也是人民日益增长的物质文化需求的要求。人民对物质和文化两方面的需求是缺一不可的。哪一方面搞得不好都不能算解决了现阶段的主要矛盾和完成好根本任务，不可能使人民满意、赞成、拥护和高兴。江泽民指出："只有牢牢抓住这个矛盾和工作中心，才能清楚地观察和把握社会矛盾的全局，有效地促进各种社会矛盾的解决。"由此看出，社会主义初级阶段理论、基本路线、根本任务集中体现了党在现阶段"三个代表"的地位和作用。牢牢扭住不放，就是对"三个代表"的实践和履行。也只有如此，党的各项工作才能得到人民的承认和拥护，立于不败之地。因此党的先进性、"三个代表"不是抽象的，不仅可从其理论纲领中体现出来，更可从其长期的斗争实践、建设实践中历史地、具体地体现出来，从党在一定阶段中心任务及实现这个中心任务而确定的理论和路线中体现出来。

第三节 "三个代表"重要思想与马列主义、毛泽东思想和邓小平理论是一脉相承的

"三个代表"重要思想与马列主义、毛泽东思想和邓小平理

论的一脉相承主要体现在以下几个方面：

第一，一脉相承的世界观和方法论。我们衡量一种理论是否与马克思主义一脉相承，首先要看这种理论是否坚持了马克思主义的世界观和方法论；是否坚持了一切从实际出发的原则；是否坚持了马克思主义的实践性。"三个代表"重要思想，一方面坚持了马克思主义辩证唯物主义世界观，坚持了一切从实际出发的原则。它着眼于我国仍然处于社会主义初级阶段的基本现实，着眼于新时期我国改革开放和现代化建设的伟大实践，着眼于当代世界政治经济科技的新变化，着眼于中华民族的伟大复兴。另一方面，坚持了马克思主义唯物辩证法。它运用普遍联系和永恒发展的观点，微观城镇乡村，中观大江南北，宏观世界全球，对我国政治、经济、文化、社会等诸方面的新情况、新问题、新矛盾进行了辩证的分析，并在分析中做出了新总结、提出了新观点。因此，"三个代表"重要思想与马克思列宁主义、毛泽东思想、邓小平理论具有一脉相承的世界观和方法论。

第二，一脉相承的历史观。马克思主义的社会历史观，即人民群众是历史的创造者，人民群众是历史活动的主体，人民群众是变革社会、推动社会发展的主体力量。我们衡量一种理论是否与马克思主义一脉相承，必须看这种理论是否坚持了马克思主义的这种社会历史观，是否坚持把人民群众的利益放在首位。"三个代表"重要思想坚定不移地坚持了马克思主义这种群众历史观。它强调任何时候都必须坚持"三个一致性"：即坚持尊重社会发展规律与尊重人民群众历史主体地位的一致性；坚持为崇高理想奋斗与为最广大人民谋利益的一致性；坚持完成党的各项工作与实现人民根本利益的一致性。因此，"三个代表"重要思想与马克思列宁主义、毛泽东思想、邓小平理论又具有一脉相承的社会历史观。

第三，一脉相承的价值观。马克思主义的价值观，即建设社会主义，实现共产主义，最终实现人的解放和人的全面发展。我们衡量一种理论是否与马克思主义一脉相承，必须看这种理论是否与马克思主义具有相同的价值追求。建设社会主义，实现共产主义，实现人的解放和人的全面发展，是马克思列宁主义、毛泽东思想、邓小平理论共同的价值取向。"三个代表"重要思想，一方面，包含了人的解放和人的全面发展这一价值取向，它的宗旨与促进人的全面发展是一致的。江泽民同志指出："我们建设有中国特色社会主义的各项事业，我们进行的一切工作，既要着眼于人民现实的物质文化生活需要，同时又要着眼于促进人民素质的提高，也就是要努力促进人的全面发展。"另一方面，它又为如何实现人的全面发展指明了方向。"三个代表"重要思想要求在社会主义条件下发展市场经济，不断解放和发展先进生产力，发展社会主义政治文明，发展社会主义先进文化，其目的就是为促进人的全面发展创造条件。因此，"三个代表"重要思想与马克思列宁主义、毛泽东思想、邓小平理论具有一脉相承的价值观。

第四，一脉相承的理论品格。马克思主义的实践性、革命性、批判性、开放性，决定了它是一种与时俱进的理论，具有与时俱进的品格。我们衡量一种理论是否与马克思主义一脉相承，就要看这种理论是否具有马克思主义的理论品质。"三个代表"重要思想，用一系列紧密联系、相互贯通的新思想、新观点、新论断，进一步回答了什么是社会主义、怎样建设社会主义的问题，创造性地回答了建设什么样的党、怎样建党的问题，由此表现出与时俱进的品格。

"三个代表"重要思想，内在地蕴涵着与时俱进的思想。先进生产力、先进文化、人民的根本利益都是动态的，在历史发展的不同时期，有不同的特征。要始终代表先进生产力发展的要求、代表先进文化的前进方向、代表最广大人民群众的根本利益，就必须坚持与时俱进。根据先进生产力发展的要求，不断调整与先进生产力发展要求不相适应的生产关系和上层建筑，实现社会制度和体制的自我完善和发展，促进先进生产力的发展。根据世界文化和中国文化的发展变化，把握先进文化的前进方向，进行文化创新，促进中国先进文化的发展，从而增强社会主义文化的吸引力和感召力，丰富人们的精神世界，增强人们的精神力量，使广大人民群众始终保持奋发有为、昂扬向上的精神状态。

根据人民群众的物质文化需要的变化,制定路线方针和政策,使党的路线、政策和方针始终代表最广大人民的根本利益,才能不断满足人民在精神、物质、文化等多方面的需求,解决好社会公平问题,处理好眼前利益与长远利益、局部利益与整体利益的关系问题,从而把代表最广大人民的根本利益落到实处。这些都说明了,"三个代表"重要思想与马克思列宁主义、毛泽东思想、邓小平理论具有一脉相承的理论品质。

总之,"三个代表"重要思想同马克思列宁主义、毛泽东思想和邓小平理论是一脉相承而又与时俱进的科学体系,是马克思主义在中国发展的最新成果。

第三章　继往开来：思想的历史地位

2000年2月，江泽民同志在广东考察工作时提出"三个代表"重要思想后，酷爱政治理论学习的空军桂林疗养院党委书记、政委李若杰在组织本单位广大党员认真学习领会"三个代表"重要思想过程中深深感到，"三个代表"重要思想深刻总结了党的建设经验，为我们党在新世纪经受新考验、赢得新胜利提供了强大的思想武器。他怀着对党的深厚感情产生了建议将"三个代表"重要思想写入党章的想法。经过一个多月的学习、调研、思考、起草、推敲，在江泽民同志提出"三个代表"重要思想不到两个月的时间里，他终于鼓足勇气，于2000年4月17日向党中央提交了一封5000余字的建议信，信中说："江泽民同志'三个代表'重要思想是党的指导思想，是国家的行动纲领。建议在2002年召开党的十六大时，将'三个代表'重要思想写入党章，以指导全国各族人民为建设有中国特色社会主义事业而奋斗。"

什么是"三个代表"重要思想？

2000年5月14日，江泽民同志在江苏、浙江、上海党建工作座谈会上进一步指出，始终做到"三个代表"，是我们党的立党之本、执政之基、力量之源。必须把"三个代表"的要求贯彻落实到党的全部工作中去。李若杰进一步感到，"三个代表"重要思想是对马克思列宁主义、毛泽东思想、邓小平理论的继承和发展，从根本上进一步回答了在新的世纪建设一个什么样的党、怎样建设党的问题，是加强和改进党的建设的强大思想武器。2001年3月17日，李若杰第二次致书党中央，建议"将'三个代表'重要思想写入党章"。

2001年7月1日，江泽民同志在庆祝中国共产党成立80周年大会上的重要讲话，系统总结了我们党80年来的奋斗业绩和基本经验，全面阐述了"三个代表"重要思想的科学内涵。李若杰带头反复学习、深刻领会"七一"重要讲话精神，带领院党委"一班人"深入基层科（室）党支部宣讲"七一"重要讲话。他感到，党的十三届四中会全以来，在以江泽民同志为核心的第三代中央领导集体的正确领导下，国家发生了翻天覆地的变化，社会主义初级阶段的中国显示出了蓬勃的生机和活力，为世界所瞩目。这些成就的取得，是党正确领导的结果，也是践行"三个代表"重要思想的结果。于是，他于2001年12月20日，第三次向党中央提交了建议信。

2002年11月8日，举世瞩目的中国共产党第十六次全国代表大会在北京开幕。江泽民同志在大会报告中明确提出,将"三个代表"重要思想作为"党必须长期坚持的指导思想"。2002年11月14日,十六大通过党章修正案,"三个代表"重要思想被写入党章。这一振奋人心的喜讯,带着无数企盼者的夙愿,传遍了大江南北,传遍了座座军营。

第一节 "三个代表"重要思想是马克思主义中国化的最新理论成果

"三个代表"重要思想是马克思主义基本原理与当代中国社会主义现代化建设的实践,以及当今的时代特点相结合的最新理论成果,是马克思主义在当代中国的新发展。它在哲学、政治经济学、科学社会主义以及党的建设等各个方面,以其独特的理论创造,丰富和发展了马克思主义。20世纪90年代以来,世界多极化和经济全球化的趋势在曲折中发展,科技进步日新月异,综合国力的竞争日趋激烈。我国改革的深化,开放的扩大,社会主义市场经济的深入发展,使党面临一系列新情况、新问题。进入新世纪,带领全国人民全面建设小康社会,加快社会主义现代化建设的伟大任务,又历史地摆在党的面前。在这种情况下,党如何与时俱进,继承和发展马克思主义;如何始终保持自己的先进性,进一步解决好提高领导水平和执政水平,提高拒腐防变和抵御风险能力这两大历史性课题。一句话，在新时期、新阶段应该怎样加深认识什么是社会主义，怎样建设社会主义，建设一个什么样的党、怎样建设党？江泽民同志提出的"三个代表"的重要思想，正是对这一重大历史性课题的理论回应：中国共产党始终代表中国先进生产力的发展要求，代表中国先进文化的前进方向，代表中国最广大人民的根本利益。这是总结我们党领导人民建设有中国特色社会主义的基本经验，并联系党成立以来的历史经验和国际共产主义运动正反两方面的经验教训所得出的科学论断，是我们党经过艰辛探索和伟大实践所得出的必然结论，是中国化的马克思主义的最新成果。

江泽民同志提出的"三个代表"重要思想贯穿了解放思想、实事求是的思想路线，体现了马克思主义与时俱进的理论品质，揭示了马克思主义哲学的先进性和人民性的要求，把加强和改进党的建设，实现中华民族伟大复兴的庄严使命，奠基于人类社会发展规律和最广大人民根本利益的深刻洞察与认识之上。江泽民同志在"七一"讲话中指出："贯彻'三个代表'要求，我们必须坚持党的解放思想、实事求是的思想路线，大力发扬求真务实、勇于创新的精神，创造性地推进党和国家的各项工作，在实践中不断丰富和发展马克思主义。"

江泽民同志提出的"三个代表"重要思想发展了马克思主义的生产力理论、劳动和劳动价值理论、社会主义经济理论。从马克思、恩格斯到列宁、毛泽东都非常重视生产力在社会发展中的决定性作用，强调无产阶级在夺取政权以后要大力发展社会生产力。邓小平同志依据马克思主义的基本原理，科学地总结我们党的历史经验，果断地将全党工作的重心转移到经济建设上来，实行改革开放，并制定了"三步走"的发展战略，这一切都是为了解放和发展生产力。江泽民同志高举马列主义、毛泽东思想、邓小平理论的伟大旗帜，紧紧抓住经济建设和发展生产力这个中心不放松，并始终把经济建设和发展生产力作为我们党的根本任务。还突出强调了生产力中人的因素，认为不断提高劳动者及全体人民的思想道德素质和科学文化素质，提高他们的劳动技能和创造才能，充分发挥他们的积极性、主动性和创造性，是我们党代表中国先进生产力要求必须履行的第一要务。这为我们根据新的实际和新的实践深化对社会主义条件下的劳动和劳动价值问题的认识，为社会主义市场经济的发展提供了理论依据。

第二节 "三个代表"重要思想是建设中国特色社会主义的行动指南

在中国这样一个经济文化比较落后的国家，如何建设社会主义，充分体现社会主义制度的优越性，是摆在中国共产党人面前的一个前无古人的历史性课题。以毛泽东、邓小平为核心的两代领导集体都在探索这一课题的过程中作出过巨大贡献。其中，邓小平提出的建设有中国特色社会主义理论，是在和平与发展成为时代主题的历史条件下，在我国改革开放和社会主义建设的实践中，在总结我国社会主义胜利和挫折的历史经验并借鉴其他国家社会主义兴衰成败的历史经验的基础上，科学地把握了中国社会主义发展规律。20世纪80年代以来，中国的社会主义建设进入了新的历史阶段，面临着一系列新课题。如何把建设有中国特色社会主义的伟大事业向前推进？以江泽民同志为核心的第三代领导集体高举邓小平理论的伟大旗帜，与时俱进地推进了建设社会主义的新的伟大实践，并顺应了时代条件的变化，进一步系统探索了当代中国社会主义建设的规律，提出了"三个代表"的重要思想。"三个代表"的重要思想，深刻总结了改革开放20多年来和社会主义现代化建设的成功经验，科学分析了社会主义社会的基本矛盾和主要矛盾，阐述了社会主义政治、经济、文化发展的基本特征，使我们党对社会主义建设规律的认识更加全面、更加深刻。

在社会主义发展道路问题上，"三个代表"重要思想坚持马克思主义基本原理同中国实际相结合。坚持科学理论的指导，坚定不移地走自己的路，在新的历史时期高举邓小平理论伟大旗帜，研究新情况、解决新问题，全面地、创造性地推进建设有中国特色的社会主义伟大事业。现代化建设"三步走"战略的第

一、二步目标已经实现,并出现新的形势,为此江泽民同志提出了全面建设小康社会的奋斗目标,提出必须把21世纪头一二十年紧紧抓住,这是我们可以大有作为的重要战略机遇期。

在社会主义发展的根本任务上,强调社会主义建设的根本目的是实现人民群众的经济、政治和文化利益,完成继续推进现代化建设、完成祖国统一大业、维护世界和平与促进共同发展的重大历史任务。

在社会主义发展特征上,指出社会主义社会是全面发展、全面进步的社会。社会主义事业是物质文明和精神文明相辅相成、协调发展的事业,建设有中国特色社会主义必须两手抓,两手都要硬。我们党进行的一切工作,既要着眼于人民现实的物质文化需要,同时又要着眼于促进人民素质的提高。把人的全面发展作为社会主义的根本价值目标明确提了出来,提倡"以德治国"和"依法治国"相结合,建设社会主义精神文明和社会主义政治文明。

在社会发展阶段上,认为社会主义初级阶段是全面建设有中国特色社会主义的很长历史过程中的初始阶段。实现共产主义是一个非常漫长的过程。我们要为实现党在现阶段的基本纲领而奋斗,在条件具备时使我国社会主义建设进入更高发展阶段。在社会主义社会的各个历史发展阶段,都要根据经济社会发展的要求,适时地通过改革不断推进社会主义制度的自我完善和发展。

在社会主义的领导力量上。强调马克思主义执政党要始终坚持"三个代表",党的各项工作一定要贯穿"三个代表"重要思想的要求,努力实现社会主义的本质和党的奋斗目标,进一步提高领导水平和执政水平,增强拒腐防变和抵御风险的能力。在发展社会主义市场经济的条件下,把对执政党建设的认识提高到了一个新的高度,达到新的水平。

在社会主义的依靠力量上,强调包括知识分子在内的工人阶级是社会主义建设的基本力量,农民阶级和其他劳动群众同工人阶级紧密团结,是社会主义建设的重要力量。我国新的社会阶层的广大人员也是有中国特色社会主义的建设者,提出了增强党的阶级基础和扩大党的群众基础的新课题。

此外,江泽民同志在科技、军事、对外开放、外交等方面提出了如科教兴国、打赢高科技条件下的局部战争、"走出去"与"引进来"相结合等新的思想。这些思想以"三个代表"为核心,与"三个代表"一起,构成了第三代领导集体关于社会主义现代化建设的新的理论体系,是对中同特色社会主义建设规律的最新把握。而规律是对事物发展过程中本身所同有的、本质的、必然的、稳定的、联系的科学揭示,把握了规律并按照客观规律去行事,就能够比较顺利地达到预期的目标。因此,"三个代表"重要思想是建设有中国特色社会主义的行动指南。

第三节 "三个代表"重要思想是我党长期的指导思想

"三个代表"重要思想是新形势下全面加强党的建设的伟大纲领，是我们党深化对共产党执政规律认识的最新成果。在革命战争年代，我们党对如何加强党的建设的问题积累了许多成功的经验，领导中国革命取得了伟大胜利。但在和平建设时期，如何加强党的建设，却是我们党执政后始终面临的一个重大课题。"三个代表"重要思想的提出是对这一重大课题的科学的总结，进一步丰富和发展了马克思主义的党建理论。

以江泽民同志为核心的第三代领导集体一贯注意研究新的历史条件下，我们党所处的环境和所面临的任务发生的变化，即研究我们的党情。早在1992年6月，江泽民同志在《党的建设要创造新办法、积累新经验》一文中指出："现在的历史条件变了，社会环境变了，党肩负的任务变了，因此党的建设和党的领导方式、方法，也必须相应地加以改变或改进。" 在庆祝中国共产党成立80周年大会上的讲话中，江泽民同志把我们党的基本党情概括为两大变化："经过80年的发展，我们的党员队伍，党所处的地位和环境，党所肩负的任务，都发生了重大变化。我们党已经从一个领导人民为夺取全国政权而奋斗的党，成为一个领导人民掌握着全国政权并长期执政的党；已经从一个在受到外部封锁的状态下领导国家建设的党，成为在全面改革开放条件下领导国家建设的党。"现阶段我们党的基本党情给我们党的发展带来了新的机遇，同时也使我们党面临新的挑战。"在新的历史条件下，我们党不仅要继续经受执政的考验，而且面临着改革开放和发展商品经济的考验，面临着反对和平演变的考验。"经受考验、防范风险的关键是加强党的自身建设。江泽民同志继承马克思主义思想的理论成果，深入分析世界其他社会主义国家共产党执政的经验教训，特别是中国共产党执政的历史经验，提出了"三个代表"重要思想。这一重要思想深刻地揭示了共产党执政的基本规律，即共产党执政的思想建设规律、经济建设规律、文化建设规律、政治建设规律、能力建设规律、作风建设规律。深刻地体现了中国共产党执政过程中对外部世界客观规律的认识，深刻地体现了共产党执政的自身建设的规律。结合马列主义基本理论和当代社会主义建设实践，科学回答了建设什么样的执政党、怎样建设执政党的一系列重大问题，反映了当今时代提出的新课题，反映了当代世界和中国的发展变化对党和国家工作的新要求，是加强和改进党的建设、推进我国社会主义自我完善和发展的强大理论武器，是党必须长期坚持的指导思想。

第四章　与时俱进：思想的科学体系

公元2000年，历史给了中国一个划时代的亮点。

就在这一年，中共中央总书记江泽民集中全党智慧，创造性地提出了"三个代表"重要思想，从根本上回答了在充满希望和挑战的21世纪，中国共产党要把自己建设成为什么样的党和怎样建设党，担负起自己的庄严使命这样一个具有划时代意义的重大课题。

时代的风云翻飞舒卷，历史的大潮汹涌向前。

2000年，历史又一次将它的脚步落在了中国的南大门——广东。

近代社会，这里因爆发轰轰烈烈的农民运动、资产阶级民主革命而载入史册；如今，这里作为中国改革开放的前沿而格外引人瞩目。

虽是早春2月，南粤大地已是春意盎然。改革开放的历史进程在这里留下了深深的脚印，老百姓发自内心的喜悦与明媚的春光交相辉映。

在春风的吹拂中，江泽民同志来到广东。这是他出任党的总书记后第5次踏足这方热土。

总书记一路走，一路听，一路看，一路思索。历史的走向、世界的风云以及中国共产党面临的机遇和挑战，都伴着春潮波澜起伏，积蕴已久的重大理论思索渐渐有了答案。

2月25日，广州珠岛宾馆。江泽民同志在听取了中共广东省委的工作汇报之后，发表重要讲话。他郑重指出："总结我们党70多年的历史，可以得出一个重要的结论，这就是：我们党所以赢得人民的拥护，是因为我们党在革命、建设、改革的各个历史时期，总是代表着中国先进生产力的发展要求，代表着中国先进文化的前进方向，代表着中国最广大人民的根本利益。"

这就是"三个代表"重要思想的最初提出。

从广东开始，总书记的足迹遍及祖国大江南北。在江苏、在浙江、在上海、在陕甘宁、在海南，每到一地，他都反复阐述和强调"三个代表"重要思想。

新思想的鼓点最终在这里汇聚成一曲思想大解放、理论大发展的强劲号角。

2001年7月1日上午9时，北京，人民大会堂。这座象征着中国人民当家作主的雄伟建筑，又一次成为世人关注的焦点。此时此刻，中国共产党迎来了80周年华诞。在庆祝中国共产党成立80周年大会上，江泽民总书记代表6400多万党员，回顾历史，立足当代，展望未来，全面系统地阐述了"三个代表"重要思想："总结80年的奋斗历程和基本经验，展望新世纪的艰巨任务和光明前途，我们党要继续站在时代前列，带领人民胜利前进，归结起来，就是必须始终代表中国先进生产力的发展要求，代表中国先进文化的前进方向，代表中国最广大人民的根本利益。"

2002年5月31日，北京，中共中央党校。江泽民总书记在党的十六大召开前夕再一次发表重要讲话，强调贯彻"三个代表"要求，关键在坚持与时俱进，核心在保持党的先进性，本质在坚持执政为民。面对新世纪的机遇和挑战，中国共产党有了新的强大的思想武器。

第一节 "三个代表"重要思想的核心内容及其相互关系

2000年春，江泽民首次提出"三个代表"重要思想。在庆祝建党80周年大会上，他又全面系统地阐述了"三个代表"的科学内涵，具体内容是：

我们党要始终代表中国先进生产力的发展要求，就是党的理论、路线、纲领、方针、政策和各项工作，必须努力符合生产力发展的规律，体现不断推动社会生产力的解放和发展的要求，尤其要体现推动先进生产力发展的要求，通过发展生产力不断提高人民群众的生活水平。

我们党要始终代表中国先进文化的前进方向，就是党的理论、路线、纲领、方针、政策和各项工作，必须努力体现发展面向现代化、面向世界、面向未来的、民族的、科学的、大众的、社会主义文化的要求，促进全民族思想道德素质和科学文化素质的不断提高，为我国经济发展和社会进步提供精神动力和智力支持。

我们党要始终代表中国最广大人民的根本利益，就是党的理论、路线、纲领、方针、政策和各项工作，必须坚持把人民的根本利益作为出发点和归宿，充分发挥人民群众的积极性、主动性和创造性，在社会不断发展进步的基础上，使人民群众不断获得切实的经济、政治、文化利益。

"三个代表"作为"三个代表"重要思想的核心内容，虽然其中的每个"代表"都有其特定的内涵和要求，但它们不是孤立的，而是一个相互联系、相互促进的、完整的体系。

始终代表先进生产力的发展要求，对应着物质文明，它是发展先进文化，实现最广大人民根本利益的基础条件。由于生产力在社会发展中起着最终的决定作用，生产力的先进性决定着文化的先进性，生产力的发展水平决定着人民根本利益的实现程度。

因此，发展先进生产力是发展先进文化和实现、维护最广大人民根本利益的物质基础和保证，离开了这个基础和保证，发展先进文化就会失去依托和后劲，代表最广大人民的根本利益只能成为空中楼阁。中国共产党只有始终代表先进生产力的发展要求，不断推进生产力的发展，不断增强国家的经济实力，我们建设中国特色社会主义的文化和实现全国人民的根本利益才会具有强大的物质基础，我们党作为先进社会生产力发展要求的代表的性质才能从根本上得到保证。

代表中国先进文化的前进方向对应着精神文明，这是灵魂。因为先进文化是人类社会发展的内在驱动力和凝聚力，是人类社会不断进化发展、实现自身力量的重要手段，为经济发展和社会进步提供精神动力和智力支持。是否拥有先进文化，是否代表先进文化的前进方向，如同能否代表先进生产力的发展要求和最广大人民的根本利益一样，决定着一个政党、国家和民族的兴衰存亡。只有努力发展先进文化，才能更好地解放和发展社会生产力，更好地实现和维护人民的根本利益。

代表中国最广大人民的根本利益则对应着政治文明，它是宗旨是目的。因为"从根本上说，政治问题主要是对人民群众的态度问题、同人民群众的关系问题。"无论发展先进生产力还是发展先进文化，归根结底都是为了实现好、维护好、发展好最广大人民的根本利益。社会主义政治、经济、文化的发展，从根本上说都是为了实现最广大人民的根本利益。人民群众既是物质文明、政治文明和精神文明的创造主体，也是实现自身利益的根本力量。"衡量一个领导干部是不是讲政治，一个重要标准就是看他是不是时刻把人民群众放在心上，是不是诚心诚意地为人民谋利益。"中国共产党只有真正代表中国最广大人民的根本利益才能代表中国先进生产力的发展要求和先进文化的前进方向。

"三个代表"重要思想体现了生产力与生产关系、经济基础与上层建筑的统一，体现了物质文明建设、政治文明建设、精神文明建设的统一，体现了尊重社会发展规律与发挥历史创造者主观能动性的统一。它坚持了马克思主义的世界观和方法论，又赋予它鲜明的时代精神和实践要求。

可见，"三个代表"本身就构成了一个相互贯通、内在统一的完整的理论体系，也就是说"三个代表"重要思想的核心内容本身并不是单纯的某一个观点，而是一个完整的体系。

第二节 "三个代表"重要思想科学体系的主要内容

"三个代表"重要思想是以"三个代表"的科学论断为核心的系统而完整的科学的理论体系。根据江泽民同志在庆祝中国共产党成立80周年大会上的讲话和在党的第十六次全国代表大会上的报告中的有关论述，根据胡锦涛在"三个代表"重要思想理论研讨会上的讲话中的论述,以及由中共中央印发的、由中共中央宣传部编写的《"三个代表"重要思想学习纲要》,"三个代表"重要思想的科学体系主要包括以下九个方面的内容:

第一,关于"三个代表"的科学论断。中国共产党必须始终代表中国先进生产力的发展要求,代表中国先进文化的前进方向,代表中国最广大人民的根本利益,这是对"三个代表"重要思想的集中概括。

第二,关于中国特色社会主义的根本任务和根本目的。"三个代表"重要思想强调社会主义的根本任务是发展社会生产力。党的一切奋斗,党的一切方针、政策,最终都要促进生产力尤其是先进生产力的不断发展。人是生产力中最活跃的因素,要不断提高劳动群众及全体人民的思想道德素质和科学文化素质,不断提高他们的劳动技能和创造才能,充分发挥他们的积极性、主动性和创造性。科学技术是第一生产力,要把发挥社会主义制度的优越性同掌握、运用和发展先进的科学技术紧密结合起来。"三个代表"重要思想强调人民是我们国家的主人,我们全部工作的根本目的,就是不断实现好、维护好、发展好最广大人民的根本利益。要正确认识和处理各种利益关系,把个人利益与集体利益、局部利益与整体利益、当前利益与长远利益正确地统一和结合起来。要把人民拥护不拥护、人民赞成不赞成、人民高兴不高兴、人民答应不答应作为衡量我们工作的根本尺度。

第三，关于建设中国特色社会主义的思想路线。在这个问题上，"三个代表"重要思想强调与时俱进是马克思主义最重要的理论品质，解放思想、实事求是、与时俱进是马克思主义的精髓。把握和运用这个精髓，才能不断解决新课题，开拓新境界。坚持与时俱进，必须不断根据实践的要求进行创新。创新是一个民族进步的灵魂，是一个国家兴旺发达的不竭动力，也是一个政党永葆生机的源泉。

第四，关于中国特色社会主义的发展道路、发展阶段和发展战略。"三个代表"重要思想强调发展是党执政兴国的第一要务，发展是社会主义物质文明、政治文明和精神文明的协调发展，包括促进人的全面发展。"三个代表"重要思想指出，本世纪前20年是全面建设小康社会的阶段。在本世纪的第一个十年，要实现国民生产总值比2000年翻一番，使人民的小康生活更加宽裕，形成比较完善的社会主义市场经济体制；再经过十年的努力，到建党100周年时，使国民经济得到进一步发展，各项制度更加完善。再经过几十年的奋斗，到本世纪中叶建国100周年时，基本实现现代化，把我国建成富强民主文明的社会主义国家。

第五，关于中国特色社会主义的改革和对外开放。"三个代表"重要思想强调改革是社会主义的自我完善和发展，是经济和社会发展的强大动力。在经济体制改革问题上，要坚持和完善以公有制为主体、多种所有制经济共同发展的基本经济制度，建立社会主义市场经济体制。要在党的基本路线指引下，正确认识和处理改革、发展、稳定的关系，抓住机遇、深化改革、扩大开放、促进发展、保持稳定，这是全党和全国工作的大局。"三个代表"重要思想强调要坚持"引进来"和"走出去"相结合的对外开放战略，积极推进全方位、多层次、宽领域的对外开放。

第六，关于中国特色社会主义的经济建设、政治建设和文化建设。"三个代表"重要思想强调要走既有较高速度又有较好效益的经济发展路线，推动国民经济持续快速健康发展。要大力实施科教兴国战略，把可持续发展放在十分突出的地位，实现经济社会和人口资源环境的协调发展。要高度重视农业、农村和农民问题，统筹城乡经济和社会发展。要实施西部大开发战略，加强东、中、西部经济交流与合作，实现优势互补和共同发展。"三个代表"重要思想强调发展社会主义民主政治、建设社会主义政治文明是社会主义现代化建设的重要目标，最根本的就是要坚持党的领导、人民当家作主和依法治国有机统一。要坚持和完善人民代表大会制度、共产党领导的多党合作、政治协商制度和民族区域自治制度，扩大基层民主。要依法治国，建设社会主义法治国家。要积极推进政治体制改革，实现社会主义民主政治的制度化、规范化和程序化。"三个代表"重要思想强调发展先进文化，就是发展面向现代化、面向世界、面向未来的、民族的、科学的、大众的社会主义文化。必须坚持马克思主义在意识形态领域的指导地位，坚持为人民服务、为社会主义服务的方向和百花齐放、百家争鸣的方针，把弘扬主旋律和提倡多样化统一起来，把弘扬和培育民族精神作为文化建设极为重要的任务。要加强社会主义思想道德建设，把依法治国与以德治国紧密结合起来。

第七，关于建设中国特色社会主义的依靠力量、保障力量和祖国统一。"三个代表"重要思想强调，由全体社会主义劳动者、社会主义事业的建设者、拥护社会主义的爱国者、拥护祖国统一的爱国者组成的爱国统一战线，是我们党执政兴国的重要法宝。要充分发挥人民政协的作用，全面贯彻党的统一战线民族政策，最广泛、最充分地调动一切积极因素，不断为中华民族的伟大复兴增添力量。"三个代表"重要思想强调要按照政治合格、军事过硬、作风优良、纪律严明、保障有力的总要求，坚定不移地走中国特色的精兵之路，加强军队的革命化、现代化、正规化建设。"三个代表"重要思想强调要坚持"和平统一、一国两制"的基本方针和推进祖国和平统一进程的八项主张。"和平统一、一国两制"是两岸统一的最佳方式，但我们绝不承诺放弃使用武力，这不是针对台湾同胞的，而是针对干涉中国统一的外国势力和台湾分裂势力的。中国人民绝不允许任何人以任何方式把台湾从中国分裂出去。

第八，关于中国特色社会主义的外交和国际战略。在这个问题上，"三个代表"重要思想指出世界要和平，人民要合作，国家要发展，社会要进步，是时代的潮流。要坚决反对各种形式的霸权主义和强权政治，维护世界和平，推动建立和平、稳定、公正、合理的国际新秩序。要提倡国际关系民主化和发展模式多样化。要始终不渝地奉行独立自主的和平外交政策，按照平等互利、讲求实效、形式多样、共同发展的原则不断拓宽合作领域，提高合作效果。

第九，关于中国特色社会主义的领导力量。在这个问题上，"三个代表"重要思想强调办好中国的事情关键取决于我们党。要增强党的阶级基础，扩大党的群众基础，不断提高党的社会影响力量和凝聚力。"三个代表"重要思想强调要高度重视和不断加强党的自身建设，要按照党的政治路线、围绕党的中心任务、朝着党的建设总目标，不断推进党的建设的新的伟大工程。要进一步解决提高党的执政能力和领导水平、提高拒腐防变和抵御风险能力这两大历史性课题。要坚持民主集中制的根本组织制度和领导制度，发展党内民主，加强集体领导，坚决维护中央的权威，同中央保持一致。要建设一支高素质的领导干部队伍，把各级领导班子建设成为坚强的领导集体，加强党的基层组织的建设。要坚持党要管党、从严治党和标本兼治、综合治理的方针，开展党风廉政建设和反腐败斗争，以党风廉政建设的实际成果取信于人民。

以上九个方面紧密联系、相互贯通，围绕着建设有中国特色社会主义这个主题。第一方面是建设有中国特色社会主义对党的根本要求，是整个思想体系的核心内容。第二方面进一步回答了什么是社会主义的问题。第三、四、五、六、七、八方面进一步回答了怎样建设社会主义的问题。第九方面创造性地回答了建设什么样的党、怎样建设党的问题，这就构成了一个系统而完整的科学的理论体系。

第五章　当务之急：发展社会主义先进生产力

一汽，共和国的"长子"。1953年7月15日，毛泽东亲笔题名"第一汽车制造厂"，一汽奠基建厂，从那时开始，中国大地上驰骋的就是一汽的"解放"与"红旗"。"我们是计划经济的优等生"，一汽人这样说。

然而，当市场经济云起潮涌时，曾经的宠儿茫然了，市场的罗盘把12万人推到了零的起点。一汽人在探索中明白，该重新起步了。

在原一汽总经理竺延风看来，企业学习"三个代表"、实践"三个代表"最重要的是发展生产力。他叮嘱一汽人要牢记狮子与羚羊的故事：在国内市场，一汽是头狮子，跑不快就有被饿死的危险；在国际市场，一汽是只羚羊，跑不快就有被吃掉的可能。随着市场竞争日趋激烈和高科技、新技术含量的不断增加，生产力也就有了新的内涵。对一汽而言，体系能力也是生产力，加快生产力的发展，就要抓住体系、品牌、标准三个竞争新要素，用不断地创新去增强企业的竞争实力。

在一汽铸造一厂，人们回忆起当年的企业改制都有些感叹。

那时，"娘给孩子分了家"，一汽实行公司化体制改革，铸造一厂脱离母体独立经营。曾经的"铁军"得到的除了"铸造一厂"的名，还有9500万元的亏损。望着离他们一厂之隔的大众公司和轿车公司，他们想起了一个无奈的顺口溜：大众是富商、轿车是小康、铸造是丐帮。

当时，在厂里呆了30多年的厂长李有全发了狠："我们不能等、不能靠、不能拖一汽的后腿，要凭自己的力量翻身。"

从哪里入手？"三个代表"的学习使他们认识到，观念也是生产力。对老国企而言，最根本的是要转变观念。全公司开展的"四W"活动给了他们一把金钥匙，"我的用户是谁？我的用户需要什么？我为用户做了什么？我还能为用户做什么？"所有的"W"围绕的是一个核心——用户第一。

国家对汽车排放实行新标准后，大连、无锡两家大柴油机厂都要改进增压发动机。这事儿放在过去，都是对方拿来图纸，一汽做工艺设计和工装设计。这次一听到消息，一汽铸造一厂就主动联系，第一轮改进不满意再来第二轮。真诚的服务得到了丰厚的回报，每月的生产量由过去的一两千个缸体毛坯件提高到了七八千件。如今的一汽铸造一厂不仅扭了亏还有了赢利，工人的年收入也有了很大的提高。

如今,一汽的产品已经渗入到重、中、轿、轻、微等不同领域,形成了解放、红旗、奥迪、捷达四大品牌。2011年,一汽集团销售各类车辆超过260万辆,同比增长1.7%,实现主营业务收入3464亿元,同比增长26.61%。

从1953年6名年轻的共产党员抬着毛泽东亲笔题词的奠基石为新厂房奠基开始,党旗就在一汽的发展史中高高飘扬。今天,"三个代表"的思想又融入到这鲜艳的党旗中。在"三个代表"思想的指引下,在鲜红的党旗下,一汽将创造出前所未有的辉煌。

第一节　先进生产力的科学内涵

所谓生产力,包含劳动者、劳动工具、劳动对象。其中人是生产力诸因素中最活跃的因素。生产力先进与否,其区别在于劳动者科技素质的高低,劳动工具科技含量的多少,劳动对象的广度和深度。因此,先进生产力是以先进的生产工具为标志,以具有先进科学技术素质的劳动者为主导,超过一般的改造自然和进行物质产品生产能力的生产力。先进生产力是具有能够满足人们和社会实现新需要的能力。也就是说,先进生产力不仅要有高于一般的劳动生产率,而且要能够生产出同行业不能生产的新产品，进入同行业达不到的新领域。

先进生产力不是抽象的，它是具体的。某行业或某种产品的生产能力，只有体现在具体的生产能力上，才能比较出生产力的先进与否。先进生产力不仅要比一般生产力的生产能力大、生产效率高，而且它必定是能够集多学科知识（或物化形式）于一身，使用自然力的能力和范围更强更大的生产力。因此，生产力越是先进，劳动者得到解放的程度就越高。

先进生产力主要是以新科学技术及其物化或转化形式为内容的，因此，科学技术的进步是先进生产力产生和形成的基础。平时我们说的"科学技术"也有新与旧之别，已被淘汰的和已被广泛应用的科学技术，不能算先进生产力的基础，只有最新科学和技术才能成为先进生产力的基础。先进的科学技术同生产力诸因素的结合，可以全面提升生产能力和劳动生产率。用先进科学技术武装劳动者，可以提升劳动者的科学技术素质；先进科学技术物化为生产工具，可以提高和增加生产工具的功能；先进科学技术转化为管理，可以形成科学管理，提高生产效率；先进科学技术制造的信息载体可以高速度、宽领域传输信息。现代生产力与科学技术的界限很难划清。马克思和邓小平都说过科学技术是生产力和第一生产力。科学技术可以经过物化或转化成为生产力，也可以直接成为生产力。在现代，科学技术与生产力是我中有你，你中有我的，现代科研和科学实验的规模、工具和手段等都反映和体现着生产力的水平。

总的来看,先进生产力的科学内涵可以从以下三个层面去理解。

一是从生产力处于不断发展变化动态系统上讲,先进生产力是一个具有相对意义的具体历史概念。先进生产力具有时效性、跃进性、扩展性和自身完善功能等一般特征。某种先进生产力的先进地位保持的时间不会太久,人们在生产实践特别是科学实验中总会有所发现、发明、创造,总在不断地前进。当更先进的生产力创造出来之时,就是原来的先进生产力失去先进性之日,这是先进生产力的时效性;历史上每一次科学上的重大发现和技术上的重大进步都会推动生产力出现一次超常规的跳跃式的发展,这是先进生产力的跃进性;一种先进生产力(主要是先进的劳动工具、新工艺和科学管理手段)出现之后,会有很多同行和其他行业采用、效仿,从而扩展到本行业和别的行业,这是先进生产力的扩展性;先进生产力产生之初往往只是其中的某因素的先进,一种因素(特别是生产工具)的先进会带动或促进其他因素的革新和提高,进而达到某种生产力因素的全面先进,这是先进生产力的自身完善功能。

二是从生产力性质上来讲,先进生产力是推动社会由低级形态向高级形态发展的最根本、最活跃、最革命的物质力量。先进生产力是以先进的生产工具为标志,以具有先进科学技术素质的劳动者为主导，超过一般的改造自然和进行物质产品生产能力的生产力。

三是从生产力的作用上讲，先进生产力是推动人类社会历史不断进步和发展的最根本的物质力量。人类社会历史的进步与发展都起源于先进生产力的作用，因为先进生产力的发展是不间断的、永无止境的，所以在它推动下的人类历史也永远是不断前进的。

通过对先进生产力的内涵的理解，我们可以清楚地认识到，在人类历史发展的进程中，一个先进的阶级或政党，都要代表当时社会先进生产力及其要求，以促进社会历史的发展，只有这样才能掌握领导和推动社会进步的主动权，使自己立于不败之地。

第二节　代表中国先进生产力的发展要求

先进生产力的发展要求，是指对影响和制约先进生产力发展的各种社会条件和社会环境的要求。其中，最根本的是对生产关系和上层建筑的要求，同时也有对国际、国内良好环境的要求。深刻理解先进生产力的发展要求，一方面有利于调动劳动者的积极性、创造性，使生产力内部要素协调一致，发挥整体最佳优势；另一方面，也有利于创造生产力发展的外部条件，以维护和促进生产力进一步发展。

马克思主义认为，生产关系和上层建筑是生产力存在和发展的社会环境。因此，所谓先进生产力的要求，就是对生产关系（社会经济制度及其体制）和上层建筑（政治制度及其体制和社会意识形态）的要求。这种发展要求的直接结果就是不断地变革和创新生产关系，不断地变革和创新上层建筑，不断地变革和创新思想观念。

代表先进生产力的发展要求，实际上就是满足先进生产力的发展对生产关系和上层建筑的要求。先进生产力的发展对生产关系的要求就是要进行制度创新，加强经济体制改革步伐，坚持走社会主义基本政治制度同市场经济相结合的道路，即社会主义市场经济的道路。实现公有制同市场经济的结合，要求社会生产关系要完成两个转变：在生产资料所有制占有关系上，要推动过去的单一公有制结构向以公有制为主体，多种所有制经济共同发展的复合结构转化；在交换关系上，要尽快实现从自然经济向现代市场经济转变，逐步实现交换关系的市场化、社会化、国际化。

先进生产力的发展对上层建筑的要求包括两个方面：一方面，它要求政治制度及其体制要民主化、法制化、科学化。这是因为随着社会生产的社会化和市场化，更多的社会成员参与了社会生活，他们在参加社会物质资料生产中已处于平等的主体地位。此时，他们必然要求相应的政治权利，要求社会政治民主化。在参与社会生活中，人们的自主性和选择性逐步增强，人们的行为趋向多样化。行为多样化会使人与人之间的矛盾加剧，为了保证社会生活能合理有序地进行，必须要制定相关的法律，让人们普遍遵守，实行法制化已是人们共同的、迫切的要求。政治体制作为一种社会的控制与管理机制，它本身也有一个成本和效益问题。为了有效地进行科学化管理，也必须不断地变革原有的政治体制，创建科学化的政治管理体制。另一方面，它要求人们的社会意识形态要和先进生产力相适应，要破除旧的传统思想观念，创建新的思想理念、新的价值标准、新的道德规范，从而使意识形态逐步走向民主化、科学化、文明化、开放化。

先进生产力的发展对国际、国内环境的要求主要体现在为先进生产力的发展提供稳定的环境上。从国际上看，只有一个和平稳定的国际环境，才能使生产力要素在更广泛的地域中进行合理配置、优化组合。不同国家、不同地区先进生产力可以相互交流，取长补短，共同发展。从国内来看，一个国家如果政治稳定，人们就能集中精力把经济建设搞上去，使生产力各个要素紧密配合，使生产力的整体效益进一步提高。

在明确先进生产力的发展要求的基础上，中国共产党作为先进生产力的代表，就应当结合先进生产力发展的具体要求，充分发挥社会主义的优越性，不断完善社会经济制度和政治制度，不断提高劳动者的素质，不断用先进科技改造和提高国民经济，以实现生产力的跨越。

第三节　发展是党执政兴国的第一要务

"三个代表"中"代表先进生产力的发展要求"是其他两个代表的基础。根据物质决定意识这一基本原理，我们只有大力发展先进生产力，才能更好地代表中国先进文化的前进方向，从而更好地维护和代表人民群众的根本利益。如果生产力发展不上去，代表中国先进文化的前进方向必然会失去强大的物质基础，代表中国最广大人民群众的根本利益也就成为一句空话。换句话说，发展就是"三个代表"的支撑点和着力点。从这个意义上说，我们党要真正地、始终地当好"三个代表"，就必须把发展作为执政兴国的第一要务，努力发展先进生产力，努力发展先进文化，始终执政为民。

另外，发展是社会主义本质的要求。什么是社会主义的本质，邓小平同志指出："社会主义的本质是解放生产力，发展生产力，消灭剥削，消除两极分化，最终达到共同富裕。"简短的五句话，言简意赅，形成了一个强大的统一体。我们可以从三个方面来理解社会主义的本质。第一，解放生产力，发展生产力是基础，是核心；第二，消灭剥削，消除两极分化是条件，是过程；第三，实现共同富裕是目的，是目标。三个方面具有内在的逻辑统一性，其中解放生产力，发展生产力是先决条件。没有生产力的发展，消灭剥削、消除两极分化也就不可能顺利进行，共同富裕也就不可能实现。发展不仅是社会主义本质的要求，而且是社会主义本质的内核。

发展也是新世纪我们党完成三大历史任务的重要保证。推进现代化建设，完成祖国统一，维护世界和平与促进共同发展是我们党在新世纪所要完成的三大历史任务，是历史和时代赋予中国共产党的庄严使命。要完成这三大历史任务，就必然要求我们党把发展作为执政兴国的第一要务。从推进现代化建设来说，没有发展，没有经济实力作后盾，任何一个现代化都无法实现；从完成祖国统一大业来说，发展也是至关重要的。只有经济发展了，综合国力不断上升，人民生活水平不断提高，才能为祖国统一提供前提和基础；从维护世界和平与促进共同发展来说，当今世界的竞争是以经济实力为基础的综合国力的竞争，一个国家的综合国力决定了它的国际地位。作为热爱和平的社会主义中国，要在国际上发挥更大的作用，就必然要加强自身的发展。总之，我们必须牢牢抓住发展这一主题，加快发展，深化发展，才能为完成三大历史任务奠定坚实的基础和提供强大的动力。

第六章 依法治国：建设社会主义政治文明

河北省曾通过一项调查发现，有法不依、执法不严所引发的矛盾和问题，有十之七八都集中在县这个层次。为此，河北省在全省22个县区开展基层依法治理试点的探索。从中体会到，只有以"三个代表"重要思想为指导，坚持用法律法规的落实来保证人民群众根本利益的实现，从切实解决群众反应强烈的热点、难点问题上突破，才能以法制建设推动经济社会的健康发展。

过去一些地方司法、行政执法机关的自我评价同群众"打分"有相当差距，以言代法、以权压法、执法犯法等现象时有发生，引发群众不满。这次试点县区全面推行执法责任制和错案、执法过错追究制，组织各行政执法单位普遍开展了定期自查、互查和不定期抽查，同时广泛受理群众申诉、检举。

针对群众对各项行政收费标准不明确造成的办事难问题，邯郸市把繁华街道陵园路办成了收费公开公示一条街，在陵西大街设立了司法公开一条街,既方便了群众办事,又增强了群众参与监督的积极性。一位市民编成顺口溜称赞说:"陵园路上走一走,收费标准全都有,对照标准看一看,依法办事大转变。"

对于依法治理经济环境,企业和个体工商户要求强烈。邯郸市邯山区专门成立社会经济投诉中心,高效地对破坏投资环境的典型案件作公开处理,被社会上称为"经济110"。曾经山东一客商投诉原市司法局下属的一家法律服务所超业务范围进行合同鉴证,硬性收费1.8万元。投诉中心及时调查处理此事,责成司法部门对这个服务所进行彻底整顿。那位客商满意地说:"我本来没抱多大希望的事,没想到你们这么快就处理好了。"

急农民群众学法、用法之所急,广平县尝试给117个乡村聘请了法律顾问,为农民群众迫切需要解决的宅基地、招标承包、打井等实际纠纷提供法律服务,群众十分欢迎。

"想民忧,解民愁,依法使各方的利益得到保护,在这个前提下进行的基层依法治理,使得像信访、城市卫生、违章建筑拆迁、农村班子稳定等过去的难点问题,不再依靠突击检查和行政命令的老办法,难题变得不难了。"这是河北省工作在县区依法治理一线干部的切身感受。

第一节 依法治国，建设社会主义法制国家

建设社会主义政治文明，必须依法治国，建设社会主义法治国家。依法治国，就是广大人民群众在党的领导下，依照宪法和法律的规定，通过各种形式和途径管理国家事务，管理经济文化事业，管理社会事务，保证国家各项工作都依法进行，逐步实现社会主义民主的制度化、法律化，使这种制度和法律不因领导人的改变而改变，不因领导人看法和注意力的改变而改变。党的十五大报告的这段论述，高度概括了实行和坚持依法治国的基本内涵和要求。

第一，坚持党的领导是依法治国的根本政治保证。党是我国社会主义事业的领导核心，也是依法治国，建设社会主义法治国家的领导核心。党领导人民经过艰苦卓绝的斗争，推翻了帝国主义、封建主义、官僚资本主义的统治，建立了人民民主专政的政权。大力发展社会主义市场经济，满足人民日益增长的物质需要，大力推进社会主义精神文明建设，提高人民的道德文化素质，并推进民主政治建设，这些为社会主义法治奠定了政治、经济和文化基础，可以说，没有中国共产党的领导，依法治国、建设社会主义法治国家就是一句空话。

第二，人民是实行依法治国的主体。社会主义法制将人民的意志上升为国家意志，依法治国的核心就是切实保障广大人民

群众依法管理国家和社会事务的权力。坚持人民是依法治国的主体，是社会主义法治与资本主义法治的根本区别。

第三，依法治国的对象是国家的各项工作。换句话说，就是将国家的各项工作严格纳入法律调整的轨道，它应包括：首先，立法机关按照严格的法定程序制定法律，并形成完备的法律制度体系。立法的全部内容必须反映国家和社会管理的客观规律，反映司法实践的客观需要，最根本的是要反映广大人民群众的利益和意志；其次，政府和公职人员必须严格依法行政，依法办事，依法管理国家的政治、经济、文化和其他各项社会事务。再次，司法机关必须严格执法，坚决维护法律的严肃性和权威性，确保法律在全国范围内的统一实施，做到有法必依，执法必严，违法必究。最后，全体公民具有良好的法律意识和法律素质，学法、懂法、守法成为整个社会的良好风尚，广大公民能够自觉运用法律武器来维护自身的合法权益，调整社会成员相互之间的关系，同各种违法犯罪行为作斗争。

第四，依法治国的依据是宪法和法律。宪法和法律是党的主张与人民意志的统一体，是被奉为国家意志的党的主张与人民意志，具有极大的权威性。它不因领导人的改变而改变，也不因领导人的注意力和看法的改变而改变，是人民行使治国权力的依据，也是各级国家机关、社会组织、各政党和人民团体据以活动的行为准则。

江泽民同志指出:"依法治国是社会进步、社会文明的一个重要标志,是我们建设社会主义现代化国家的必然要求";"一个比较成熟的市场经济,必然要求并具有比较完备的法制。"这段讲话的精神实质在于说明:把依法治国、建设社会主义法制国家作为治国方针,是由于法制这一载体本身具有其他治国方法所不可替代的优点,能够充分适应我国在改革开放条件下,发展社会主义民主政治、健全社会主义市场经济体制,建设社会主义现代化国家的基本要求。

依法治国,建设社会主义法制国家,是全体人民的共同愿望。依法治国,建设社会主义法制国家,是人民群众在建设有中国特色社会主义的伟大实践中产生的共同愿望。在依法治国方略实施的过程中,广大人民群众深刻地认识到:只有健全法制,依法治国,才能够持久有效地保障国家的稳定、社会的有序和人民的安宁。广大人民群众对依法治国、建设社会主义法制国家寄予很高的期望,呼唤着法制国家的美好明天。

依法治国,建设社会主义法制国家,是经济发展和社会全面进步的客观要求。"九五"期间至2010年,我国将要基本建立起社会主义市场经济体制,社会发展的任务也十分繁重。改革开放越深入,市场经济越发展,经济活动和利益关系越错综复杂,就越迫切地需要完备的法制来引导、规范、约束和保障,维护市场经济发展所必须的良好秩序。要做到经济与社会协调发展,解决经济发展、社会进步中的各种矛盾，促进社会健康发展，最有效、最能从根本上解决问题的办法，也是以健全、完善的法制来引导和规范。

依法治国，建设社会主义法制国家，是实现国家长治久安的重要保证。维护社会稳定，实现国家长治久安，是深化改革和促进经济发展的基本保障。实现社会稳定，一方面是保障政治秩序的稳定；另一方面，要实现社会治安秩序的稳定。这就需要完善各方面的立法和健全行政执法、司法制度等，实行依法治理，将国家的政治生活和各级党政机关的活动纳入法制的轨道，用法制的权威来保障国家政治的稳定和社会治安、秩序的稳定。

第二节 推进政治体制改革，发展社会主义民主政治

建设社会主义政治文明，关键是发展社会主义民主政治，没有民主就没有社会主义。社会主义愈发展，民主也愈发展。社会主义民主就是人民当家作主。人民是历史的主体，是历史的创造者，是社会进步的根本动力，人民群众的历史活动集中体现了社会发展的客观规律。因此，只有尊重人民的选择和群众的首创精神，才能推动社会进步，才能实现社会主义的政治文明。

发展社会主义民主政治，需要推进政治体制改革。通过政治体制改革完善和发展社会主义政治制度，从而保证人民当家作主

的地位，增强党和国家活力、扩大社会主义民主，建设社会主义法治国家，发展社会主义政治文明。

我国政治体制改革有两个方面的基本要求：

一是扩大民主：把权力下放给基层和人民。我国原有政治体制的"总病根"就是权力过分集中。当前，政治体制改革所要解决的根本问题就是改变党政不分、领导者个人高度集权的人治型体制，建立民主的法治型体制，以便与社会主义市场经济体制相适应。因此，应做到：①权力下放给市场，实现市场自治；②权力下放给社会和人民，实现社会自治与人民自主；③权力下放给地方和基层，实现地方自主和基层自治。

二是健全法治：系统地建立保障人民民主权利的各项制度。在社会主义市场经济体制下，法治的含义有两种：一是实行宪政；二是实行行政法治。宪政是法治的基础，要从制度上保证党和国家政治生活、经济管理和社会生活的民主化。公共部门活动必须受到严格的公法约束，公共权力要以明确的法律授权为基础。我国要建立健全完善的公法体系，约束政府权力，就要对以所谓"行政法"和"经济法"的名义制定的赋予政府过多经济干预权限的行政法规与规章、内部规定与文件、领导人的指示等进行全面的清理。

从政治体制改革的基本要求出发，在今后一个时期，我国政治体制改革的主要任务是：要健全民主制度，丰富民主形式，拓宽民主渠道，依法实行民主选举、民主决策、民主管理、民主监督，保障人民的知情权、参与权、表达权、监督权，实现社会主义民主政治制度化、规范化、程序化，巩固人民当家作主的政治地位。完善法律制度，维护社会主义法制的统一和尊严，树立社会主义权威。完善司法体制机制，坚持司法为民、公正司法，推进司法体制和工作机制改革，建设公正、高效、权威的社会主义司法制度，发挥司法维护公平正义的职能作用。加快行政管理体制改革，建设服务型政府，着力转变职能、理顺关系、优化结构、提高效能，形成权责一致、分工合理、决策科学、执行顺畅、监督有力的行政管理体制。健全政府职责体系，完善公共服务体系，推行电子政务，强化社会管理和公共服务。完善制约和监督机制，坚持用制度管权、管事、管人，建立健全决策权、执行权、监督权既相互制约又相互协调的权力结构和运行机制，让权力在阳光下运行，保证人民赋予的权力始终用来为人民谋利益。深入开展党风廉政建设和反腐败斗争，坚持党要管党、从严治党，贯彻标本、综合治理、惩防并举、注重预防的反腐倡廉战略方针，重点加强对领导干部特别是主要领导干部、人财物管理使用、关键岗位的监督，健全质询、问责、经济责任审计、引咎辞职、罢免等制度，扎实推进惩治和预防腐败的体系建设。

第三节 尊重和保障人权，建设社会主义政治文明

尊重和保障人权是发展社会主义民主政治，建设社会主义政治文明的内在要求。政治文明不仅包括政治意识、政治制度和政治行为的文明，而且包括民主、法制、自由、平等、人权的发展。健全社会主义民主制度，就是运用丰富的民主形式、民主决策、民主管理和民主监督，使人民享有广泛的权利和自由，尊重和保障人权。民主是通过制度和法制来实现的，而民主的实质是保障公民的个人权利，即人权。可见，民主、法制和人权是一个相互联系的整体。真正的民主不能离开法制，也不能离开人权。

要建设社会主义的政治文明，就必须建立和完善使人民群众的积极性、主动性和创造性能够充分发挥的政治体制。就必须最广泛、最充分地调动一切积极因素，不断为中华民族的伟大复兴增添新力量。尊重和保障人权，是对邓小平"尊重知识，尊重人才"理论的丰富和发展；是社会文明进步的重要标志；是党的第三代领导集体实践"三个代表"重要思想的集中体现；是党的性质和根本宗旨所决定的；是社会主义的本质特征。尊重和保障人权，就是要尊重和保障包括知识分子在内的工人阶级，广大农民，以及中华民族大家庭中的每一个成员。因为，他们始终是推动我国先进生产力发展和社会全面进步的根本力量。在社会变革中出现的民营科技企业的创业人员和技术人员、受聘于外资企业

的管理技术人员、个体户、私营企业主、中介组织的从业人员、自由职业人员等社会阶层，都是中国特色社会主义事业的建设者。他们必须受到尊重，他们的权利必须得到保障。

建设社会主义政治文明，既是全面建设小康社会的重要保证，又是全面建设小康社会的重要目标。因此，要继续推进政治体制改革，健全社会主义法制，进一步扩大社会主义民主，建设有中国特色的社会主义民主政治，不断增强党和国家的活力。

第七章　以德治国：发展社会主义先进文化

鲜花掌声泪水，凡人真情大爱。在几年前的第三届"通化骄傲"道德模范表彰大会上，来自一线、乡村、社区、百姓身边的道德模范，以真挚的语言、朴实的情感，讲述了发生在他们身上的一件件感人的事迹。人们在掌声中落泪、在沉思中振奋。这些"平民英雄"、"凡人善举"汇聚升华了山城儿女热心公益、孝老爱亲、爱岗敬业、崇善尚德的良好社会风气。这，就是道德的力量！

鲁阳福，一位普通的农民。正是这位农民将无亲无故90岁高龄的邻居老太太接回家，奉为高堂，每日悉心照料起居。98岁的老太太逢人就夸奖自己的孝顺"儿子"。

季长山，通化铁路公安处三源浦车站派出所通沟警务区的治安民警。他把沿线百姓当亲人，把村民的事当成自己事，用心打造安全稳定的"绿色通道"，取得连续6年无危行案件和铁路交通事故的好成绩。同时，利用家住市区的便利条件，为沿线群众办实事，自己印了100多张联系卡发给村民，将警务区办成了"订货站"，自己当起了村民的义务"送货郎"。还有"抄表天使"初建美、"爱心院长"林玉兰……

典型是一本书，看得见、摸得着；典型是一面旗，树榜样、指方向。

从首届道德模范评选活动开展以来，通化市围绕加快振兴和建设现代化城市文明的发展主题，确立了"通化骄傲"道德模范和百名"通化好人"等道德典型旗帜，引领全国文明卫生城、"好人城市"创建风向标。

从"人民的好医生"乔淑萍、"胰岛素工业化领军人"冷春生、"宝贝回家"张宝艳，到勇救落水群众的唐德辉、致富不忘党恩的张景范，既有全国、全省的先进典型，又有身边的凡人善举。

道德模范评选，弘扬的是真善美，播撒的是爱的种子。在道德模范的背后则是成千上万个敬业奉献、恪守道德、勇于担当的山城儿女。现在，人人宣传道德楷模、学习道德楷模、争当道德楷模的热潮正日益兴起。

助人为乐、见义勇为、诚实守信、敬业奉献、孝老爱亲——道德的内涵随着一系列公民道德活动的开展不断深化，山城通化用自己的方式，在全市人民心中播撒道德的种子！

另外，通化市还确定了"祝福平安、欢度春节""绿色清明、文明祭祀""传承文明、和谐端午""喜迎国庆、团圆中秋""相约重阳、展孝风采"五个活动主题，开展了"我们的节日"主题教育活动，弘扬优秀民族文化。

春种秋收，春华秋实。在道德模范评选表彰活动的激励下，在一面面旗帜的引领下，在玉皇山下，佟佳江畔，在1.52万平方公里的山城大地上，道德的力量正不断凝聚！

第一节 先进文化的含义及其特征

文化概念有广义和狭义之分。广义的文化，是指人类改造客观世界和主观世界的活动及其成果的总和，包括物质文化和精神文化两大类。而狭义的文化即人们在通常意义上使用的文化，是指文治和教化，它是一定社会的政治和经济的反映，又对经济和政治的发展有着巨大的反作用。文化是由科学、法律、道德、文学、艺术、哲学等多种因素构成的，表现为文化产品、创作方式（体制）、文化观念等多种层次。

先进文化是一个历史范畴。在人类几千年的文明史上，不同的历史时期出现过不同的先进文化，都对社会进步产生过重要的推动作用。

先进文化就是适应生产力发展要求，推动人类社会进步，代表未来发展方向,并在各种文化思潮的较量中,日益显示其科学性的文化,是人类智慧与文明的结晶。先进文化就是健康的、科学的、向上的,代表未来发展方向和推动社会前进的文化。就现阶段而言,先进文化就是有中国特色的社会主义文化。

有中国特色的社会主义文化包括三层含义:第一,它是一种文化,具有文化的一般特性;第二,它是一种社会主义文化,具有社会主义文化的一般特性;第三,它是一种中国特色的社会主义文化,具有社会主义文化的中国民族特色。有中国特色的社会主义文化包括了思想道德和科学文化两个组成部分。思想道德文化决定着整个文化的社会性质,统率整个文化的发展,推动社会经济、政治的进步;而科学文化是社会文明的基础,人类进步的阶梯。

有中国特色的社会主义文化,"它渊源于中华民族五千年文明史,又植根于有中国特色的社会主义文化的实践,具有鲜明的时代特点;它反映我国社会主义经济和政治的基本特征,又对经济和政治的发展起巨大促进作用。"

先进文化具有以下特征:

第一,具有民族性。民族性是文化的天然属性,任何一种文化都以自己的民族精神为依托。有中国特色社会主义的文化是在中华民族几千年历史的基础上发展起来的文化,它必然带有浓厚的中华民族色彩,反映中国的具体国情。在新的世纪,民族振兴是社会发展的重要目标，而民族振兴离不开民族精神振兴，民族精神的核心则是民族尊严。只要世界上民族矛盾和民族差别还没有消失，维护自己民族的独立和尊严，对于每一个民族来说都是生死攸关的事情。没有民族的独立和尊严，包括现代化在内的一切都是空谈。民族的独立自主和文化的独立自主是不可分割的。中华民族作为一个由多民族组成的国家，之所以在长达五千年的历史中保持统一而不分裂，中国传统文化无疑起了重要的作用。

第二，具有科学性。有中国特色的社会主义的科学性包含三个方面的内容和要求：其一，要充分吸收当代世界自然科学、哲学和社会科学中的优秀成果，大力发展科学和教育事业，支持、鼓励各种科学实验、发明、创造活动，在群众中大力普及科技知识，引导人们树立科学精神，按客观规律办事；要消除各种愚昧，向当代世界的先进水平和科学标准看齐。其二，在指导思想上，要坚持马列主义、毛泽东思想、邓小平理论、"三个代表"重要思想、科学发展观的指导地位，坚持辩证唯物主义和历史唯物主义的世界观、历史观、方法论来进行文化研究、文化创新及相应的各种文化活动。其三，要科学地对待本民族文化与他民族文化，坚持民族性与科学性的统一；要批判地继承，实行科学的拿来主义，大胆改革、推陈出新。

第三，具有大众性。中国特色社会主义的文化是人民大众的文化。毛泽东同志认为：大众的文化"即是民族的，它应为全民族中90%以上的工农劳苦民众服务，并逐渐成为他们的文化"。文化的大众性是相对于文化的专制性来说的，其实质是文化的支配权和控制权掌握在谁的手里。有中国特色的社会主义文化是由人民大众创造的，又完全是为人民大众服务的，在文化领域中，人民大众必然要处于主导地位。

第四，具有兼容性。有中国特色的社会主义文化，是博采世界各国文化之长，吸收一切国外优秀文化成果的文化。历史证明，任何时代的先进文化都需要通过兼容并蓄来汲取其他国家和民族文化的优点来不断地丰富和完善自己。

第二节　德治的科学内涵

何谓"德治"？《管子·心术篇》说：化育万物谓之德。中华民族传统文化里的"德"，用现在通俗的话说，包括两个方面：一是如何做人；二是如何治理国家。看起来似乎简单，实质上内涵非常丰富。具体到做人来讲，"德"就是做人的道理，它包括人的世界观、人生观、价值观、理想、信念、品格和道德等。再具体地说，"德"包括家庭美德、社会公德、职业道德等。如果一个人有了"德"，无论他从事何种职业，他都会尽心尽力做好自己的工作，为社会作出不同层面上的贡献。没有"德",即使有聪明才智,也只会为自己的私欲着想,不但于社会无益,而且可能对社会造成危害。"德"的底线,就是决不做危害他人的事情。中华民族有五千年灿烂文明史,自古以来就要求做人必须讲究"仁、义、礼、智、信"。如果我们从批判的角度接受这些古论"德"的说教,从继承传统道德修养的角度去其糟粕,取其精华,批判地加以继承和发扬,就会发现现在社会上缺乏的就是这些传统文化里最精华的东西——"德"。

中国政治文化的一个重要传统就是德治。作为中国传统文化主流的儒家思想,一方面非常重视道德的教化功能,一方面又十分看重教化对治者本身的道德要求,重视培育和提高民众的道德素养,诸如社会公德、道德水准、民风淳厚等社会现象都是从德治而来的。江泽民同志提出"以德治国"的思想,在正确估量道德作用的同时,为新世纪道德在社会生活中的地位和作用给予界定,加大了全社会进行道德建设的力度。"建设与我国社会主义市场经济和我国经济社会全面健康发展相适应的道德体系,不但要提出系统的道德规范,而且要使这些道德规范通过各种渠道深入人心,由外在的规范转换为内在的良心,使社会舆论与道德良心相互呼应、相互映照。"这种道德规范的转变和深入人心,靠什么?靠先进文化。这对于坚定民众的理想信念,塑造正确的人生观、价值观、道德观,升华人生境界，提高道德觉悟至关重要。

第三节　德治与社会主义先进文化

　　德治是发展社会主义先进文化的必然要求。道德是文化的核心内容，道德高尚是文化先进性的重要体现。先进的文化必然包括高尚的道德品质和良好的精神风貌；文化是道德的深刻反映，对道德产生极其深刻的影响，高尚的道德品质和良好的精神风貌来自于先进文化的熏陶，二者是互相影响、互相渗透、密不可分的。因此，江泽民同志在庆祝中国共产党成立80周年大会上指出："加强社会主义思想道德建设，是发展先进文化的重要内容和中心环节。必须认识到，如果只讲物质利益，只讲金钱，不讲理想，不讲道德，人们就会失去共同的奋斗目标，失去行为的正确规范。"这句话深刻阐明了思想道德建设与发展先进文化的辩证关系。那就是，如果全社会的思想道德素质得不到提高，精神风貌得不到根本改变，没有为社会保持良好的秩序和风尚营造高尚的思想道德基础，发展社会主义的先进文化或者说建设社会主义精神文明就无从谈起，更无法为经济发展和社会进步提供精神动力和智力支持。江泽民同志在2001年1月全国宣传部长会议上就已经指出："要坚持不懈地加强社会主义法制建设，依法治国，同时也要坚持不懈地加强社会主义道德建设，以德治国。对一个国家的治理来说，法治和德治，从来都是相辅相成，相互促进的。二者缺一不可，也不可偏废……我们应始终注意把法制建设和道德建设紧密结合起来，把依法治国和以德治国紧密结合起来。"这里所说的以德治国，是指用社会主义道德来治理国家，通过社会主义道德教育人民，提高全民族的思想道德水平，建设高度的社会主义精神文明。历史证明，一个国家、一个民族，有没有前途、能不能发展起来，首先要看这个国家的民族文化传统中所固有的优良道德传统有没有充分地发扬出来，能不能充分发挥自己固有的优势，并在此基础上，吸收人类一切先进的文明成果，将本民族的优良传统加以升华。

以德治国体现了中国先进文化的前进方向。江泽民同志在谈到我国的治国方略时指出，"要坚持不懈地加强社会主义法制建设，依法治国，同时也要坚持不懈地加强社会的德治建设，以德治国"。江泽民同志讲到的"德治"是新型的"德治"，是社会主义的"德治"。这种德治观必须体现中国先进文化的前进方向。它要求继承和弘扬中华民族优秀的传统道德思想，顺应世界文明的发展趋势，反映市场经济的规律与特点，体现社会主义的本质特征。

以德治国必须弘扬优秀的传统道德。在中华民族几千年的历史中，伦理道德问题一直是先辈们思索的重点问题。在我们的文化传统中，不仅形成了系统的道德理论、规范，积累了丰富的思想资料，而且这些思想已经渗入广大民众的灵魂、积淀为民族精神。一方面，对中国历史上诸子百家的伦理道德思想，要择名家之精华，加以比较、分析和综合，"弃糟取精"，使之形成一种符合时代需要的思想。另一方面，还要注意吸取全人类伦理道德思想中有益的东西，以创造出先进的精神文明。在传统道德中，以德为本，践履仁爱，以和为贵，律己修身等都可以成为新型道德体系的基础。

以德治国必须借鉴市场经济的合理"内核"。市场经济取代自然经济是生产力发展的结果，是一种历史的进步。市场经济取代计划经济是一种历史的选择，是生产力发展的需要。市场经济在其取代自然经济，促进生产力的发展时，也必然会为上层建筑提供新的思想。市场经济经过几百年的发展，也产生了与之相应的道德准则。新型的道德体系应该顺应世界文明的发展大潮，将平等、自由、竞争、开放、效益等观念与行为方式纳入我们的道德体系之中。

以德治国必须以社会主义的道德要求为指导。以德治国，建设新型的道德体系应该继承和发展人类一切优秀道德，只有这样，才能实现代表先进文化发展方向的要求。从社会形态看，社会主义是一种优越于以往任何形态的制度与体系，共产党的领导和社会主义制度将贯彻于我们市场体系构建的始终。在新型的道德体系中必须坚持以社会主义的要求为指导，这既是其先进性所决定的，也是人民的选择与国家的意志。新型的道德体系必须高举爱国主义的旗帜，以为人民服务为核心，坚持集体主义、共同富裕等原则。

江泽民同志提出以德治国，既是中华民族优秀传统文化的继承，也是代表中国先进文化发展方向的创新。

第八章 执政之基:为了最广大人民的根本利益

提起刘保忠,吉林市船营区搜登站镇的干部群众都竖起大拇指。刘保忠何许人也?

刘保忠就是搜登站镇的原党委书记。在他上任前,搜登站镇可是另一番景象。当时,有人编了一首民谣:"搜登人口三万三,人均土地一亩半;底子薄、班子乱,镇里外债九百万;教育散、超生欢,统筹提留更是难,永安村十年不交钱;教师工资发不了,上访告状事不断,村匪屯霸闹翻天。"据了解,截至他上任前夕,全镇各村债务总额已达987.4万元,共拖欠统筹提留款648.6万元。刘保忠面对的就是这样一个烂摊子。

难,也要干!当时46岁的刘保忠骨子里就有一股敢于碰硬的劲儿。上任仅12天,他走遍了全镇大小23个行政村,把镇里的情况摸了个一清二楚。随后,镇党委召开了千人大会,刘保忠分析了全镇存在的复杂矛盾,提出搜登站镇的三大难题:统筹提留难收、计划生育难管和上访告状难办。正是在这次会上，刘保忠也立下了"军令状"："这几个难题解决不了，不用大家撵，我卷铺盖卷儿走人！"刘保忠果断地决定，先解决"钱"从哪来的问题。他很快召开镇机关食堂竞包会，竞包租金一到位，刘保忠立即给镇干部和教师补发了一个月工资，而这时才是他上任后的第三天。在这之后，广播站、镇办小企业等多个部门全都迅速竞包出去。在刘保忠上任的第21天，拖欠干部教师的9个月工资全部补齐。经过一系列的改革，不到两年，镇里近千万元的外债还清了近70%。

过去的搜登站镇是远近闻名的"上告镇"，党群干群关系比较紧张。刘保忠上任不久，自任信访员，在到任的前3个月里，有一半时间和精力都用在了接待群众上访上。为了接待上访，他常常顾不上吃午饭，经常工作到晚上六七点钟，最多时一天接待上访群众达70多人次。刘保忠有一个观点："现在一些干部对群众反映的问题处理不了，主要是我们一些干部没有执行政策，采用压服的办法，结果使矛盾激化了。"他在处理矛盾时则坚持靠事实说话，以理服人。对确有冤情的，他一次处理到位，不留尾巴；对不理解政策的，他耐心讲道理；对一些无理取闹、滋事捣乱的，他严厉批评，并在镇办的有线电视上曝光。在一年多的时间里，他共接待上访群众2313人次，解决了700多个上访问题。正是这样实实在在为百姓办实事，刘保忠受到了乡亲们的拥护。

后来，刘保忠的事迹被农民朋友编成了很多顺口溜在当地传唱。"搜登站来了刘保忠，干部工资能到位，全镇百姓不遭罪……"

第一节　尊重人民的历史主体地位

社会是由人构成的，人是社会的主体。马克思曾经指出，整个所谓世界历史不外是人通过人的劳动而诞生的过程。社会与自然界最重要的区别之一，在于自然界没有人的存在和参与，照样能以它自身固有的方式和规律运动、变化、发展，而社会的发展却离不开人的活动。历史发展中生产关系一定要适应生产力发展要求的规律，上层建筑一定要适应经济基础变革要求的规律，都是通过人的活动实现的。没有代表先进生产力发展要求的社会进步力量的不懈努力，没有代表经济基础变革要求的社会进步力量的持续斗争，生产力对生产关系的主导作用，经济基础对上层建筑的主导作用就无法体现。

人类历史是由一个个现实的、活生生的人的合力创造的。每一个人都在不同程度、不同方向上参与了历史活动，都对历史的发展起了一定的作用。但是，由于人们在社会经济或政治结构所处的地位不同，由于个人的学识、能力等方面存在差异，他们对历史发展所起的作用又有大小、性质之别。马克思主义注重对不同人群的作用进行具体分析，其中特别强调人民群众的历史主体地位和创造作用。正如毛泽东同志明确提出的那样："人民，只有人民，才是创造世界历史的动力。"

人民群众历来是推进社会生产力发展的根本力量。社会进步的前提条件，是首先满足作为社会主体的人的生存需求，提供人用以吃、喝、住、穿等所需的基本生活资料。而人类社会赖以生存和发展的物质生活资料，就是由人民群众创造的。人民群众的生产活动及其所创造的物质财富，为社会历史的发展奠定了不可缺少的物质基础。正是有了他们的劳动，才使人类的其他社会活动，诸如科学研究、艺术创作和政治交往等得以展开。人民群众在生产过程中不断积累经验，改进劳动工具和生产方式，运用新技术、新工艺，由此促进社会生产力水平的不断提高，这是推动社会发展最强劲的动因之一。

人民群众也是文化建设和发展的根本力量。在社会发展相当长的历史时期中，大多数劳动者没有接受系统教育的条件和权利，他们没有文化知识，或者只掌握很有限的文化知识，难以直接参与社会的精神文化活动。但是，他们在生产劳动中所创造的物质财富，使一部分社会成员得以从繁重的体力劳动中解放出来，去专门从事精神文化活动；他们丰富的生产实践和生动的社会生活本身，为精神文化产品的孕育成熟提供了取之不尽的素材和源泉。人民群众还包括来自不同社会阶层的杰出思想家、科学家和艺术家，他们的精神文化活动构成整个社会文化建设和发展的一个重要组成部分。今天，随着科学技术的飞速发展和文化教育事业的普及，人类社会正逐渐步入知识经济的时代。与此相应，人民群众的结构也发生着深刻变化，知识分子成员的比重在不断增加，劳动者的知识化程度在日益提高。人民群众在社会文化建设和发展中的作用，从来没有像今天这样得到过如此充分的发挥和展现。

人民群众还是变革社会制度的生力军。人民群众在推进社会生产力发展过程中，在建设先进文化过程中，必然要同一切不合时宜的社会经济制度和政治制度作斗争。人类历史上任何一次重大的制度变革，都是以人民群众的觉醒和参与为基础的。人民群众对社会生产力和先进文化发展的推动作用与他们在社会制度变革中的生力军作用，在实践中是高度统一的。

总之，人民群众创造了历史。因此，要尊重社会发展的客观规律，就必须尊重人民的历史主体地位；要坚持为崇高的理想而奋斗，就必须为最广大人民谋利益；要坚持完成党的各项任务，就必须实现人民的利益。

第二节　为人民谋利益是中国共产党的根本宗旨

政党是一定阶级、阶层或社会集团为了争取和实现共同的利益而建立起来的政治组织，因而政党是有阶级性的。任何政党都是一定阶级的政治代表，都是以特定的阶级为其社会基础的，在政治上代表一定阶级（或其中的某一阶层）的利益。然而，共产党的阶级基础尽管是工人阶级，它却不仅代表工人阶级一个阶级的利益，而是代表了人类发展的利益。这是由工人阶级的阶级性和共产党的先进性所决定的。工人阶级是近代社会化大生产的产物，是代表和掌握未来的阶级，是先进生产力的代表。它之所以要消灭私有制、消灭剥削，建立社会主义社会，从根本上说，是为了给社会生产力的发展开辟通途，解放和发展生产力。生产力的发展将使社会拥有更多的物质财富，给绝大多数人带来福利，因而工人阶级的利益与社会发展的方向完全一致，与其他一切劳动者的利益完全一致，工人阶级只有解放全人类才能最终获得自身的解放。总之，工人阶级的阶级属性和共产党的阶级基础决定了为最广大人民谋利益是其根本宗旨。

中国共产党在它几十年的奋斗历程中，之所以能克服各种艰难险阻，不断从胜利走向胜利，重要原因之一就在于党拥有非常广泛而坚实的群众基础。正因为如此，中国共产党从诞生之日起就始终把代表和反映工人阶级以及广大人民群众的利益作为自己的根本任务。1921年，中国共产党第一次全国代表大会通过的党纲，开宗明义地申明我们党是为整个人类的彻底解放而奋斗的，是代表绝大多数人的根本利益的。党的第七次全国代表大会则第一次明确将"全心全意为人民服务"写进了党章，把它提到了"党的唯一宗旨"的高度，并作为每一个共产党员的行为准则。以后，党的第十二次、第十三次、第十四次、第十五次全国代表大会通过的党章，都坚持了"七大"党章的这一思想，并进一步把它概括为中国共产党"是中国各族人民利益的忠实代表"。党的第十六次全国代表大会，根据党在新世纪面临的新形势、新任务，进一步明确规定：中国共产党"代表中国最广大人民的根本利益"。

"全心全意为人民服务"、"始终代表中国最广大人民的根本利益"，不但写在中国共产党的党章上，也体现在党几十年的实践过程中。江泽民同志在"七一"讲话中指出："80年来，我们党进行的一切奋斗，归根结底都是为了最广大人民的利益。"

中国近代革命和现代化建设的实践充分说明，中国共产党忠实地代表了中国人民的根本利益，是一个全心全意为人民谋利益的党。正因为如此，党才能无私无畏，英勇奋战，由小变大，以弱胜强，夺取全国政权，成为建设中国特色社会主义事业的领导核心。

第三节　人民群众是中国共产党执政之基

"水可载舟，亦可覆舟"。任何党执政都需要有一定的社会基础，而其中最重要的就是广大人民群众的信赖和拥护，或者说民意支持率。中国共产党是工人阶级的政党，党执政的社会基础是以工农联盟为主体的广大人民群众。因而是否能最大程度地赢得广大人民群众的支持和拥护，对加强和巩固党的执政地位有着至关重要的意义。而要赢得人民群众的支持和拥护，就必须始终代表人民群众的利益，关心群众的疾苦，切切实实地为人民谋利益。

值得注意的是，"我们党执政以后，一方面取得了更好地服务于人民的条件，另一方面也增加了脱离群众的危险"。在长期执政的条件下，有的领导干部和领导机构利用手中掌握的权力，不是为群众谋利益，而是为个人或小集团的利益服务，把个人或小集团的利益置于人民群众的根本利益之上，甚至不惜为个人或小集团的利益损害人民群众的根本利益。这种现象虽然只出现在极少数领导干部和领导机构身上，但却会严重影响党和政府在人民群众中的威望，损害党与人民群众的血肉联系，是威胁党长期执政的隐患。因此，今天中国共产党强调要始终代表最广大人民的根本利益，对于在新的历史条件下加强和巩固党的执政地位，具有很强的针对性和现实意义。

国际共产主义运动发展的教训和我们党多年执政的历史都证明，什么时候共产党能代表人民的利益，为大多数人谋利益，党就能得到人民的支持和拥护，党的各项事业就能蒸蒸日上；什么时候忘记了人民的利益，不能很好地为人民谋利益，共产党就会脱离群众，党的事业就要遭受挫折乃至失败。上世纪80年代末90年代初，东欧、前苏联等社会主义国家相继发生剧变，执政的共产党纷纷下台，社会主义事业遭遇空前劫难和严重挫折。发生这样的历史悲剧的原因是多方面的，而其中很重要的一条，就是这些国家的执政党在实践中未能始终坚持代表人民群众的根本利益，最终使人民群众对共产党的信任降到最低点。江泽民同志在总结中外政党特别是共产党执政的兴亡规律后指出："历史和现实都表明，一个政权也好，一个政党也好，其前途与命运最终取决于人心向背，不能赢得最广大人民群众的支持，就必然垮台。"

第四节　人民群众是党和国家各项事业发展的力量之源

建设有中国特色社会主义是一项前无古人的伟大事业。要在本世纪中叶基本实现现代化，把我国建设成为富强民主文明的社会主义国家，我们在经济政治文化等诸多领域都面临着十分艰巨的任务。党的第十六次全国代表大会，围绕全面建设小康社会的奋斗目标，提出了在本世纪头20年我国经济建设和经济体制改革的八项任务，政治建设和政治体制改革的九项任务，文化建设和文化体制改革的六项任务，任重而道远。完成这些任务，必须得到人民群众的支持，必须有人民群众的参与，必须汲取人民群众的智慧。

如何能够得到人民群众的支持、参与和智慧？答案很明确，就是我们确定奋斗目标必须首先考虑并能满足最大多数人的利益要求，始终把最大多数人的利益放在第一位。只有把最大多数人的利益放在第一位，我们所制定的奋斗目标才能合乎和反映人民群众的意志愿望，从而得到人民群众的认同和支持；只有把最大多数人的利益放在第一位，得到人民群众的认同和支持，才能激发起人民群众的参与热情；只有把最大多数人的利益放在第一位，激发起人民群众的参与热情，人民群众才乐意贡献自己的聪明才智。

在30多年改革开放的历史征程中，党和国家制定的各项方针政策，有许多是在总结人民群众社会实践的基础上形成的；党和国家提出的各种应对问题的策略和方法，有许多是在汲取人民群众智慧和创造的基础上确定的；党和国家各项事业发展中遇到的种种艰难险阻，是依靠人民群众的支持和力量得以克服的。所以江泽民同志在一次对领导干部的讲话中，语重心长地指出，个人的工作有成绩，首先应归功于人民，归功于党。现在，推进改革和建设需要我们解决的问题不少，好办法从哪里来呢？不是天上掉下来的，也不是我们头脑里固有的，归根结底是来自人民群众创造历史的丰富多彩的实践。谁深深扎根于群众之中，同广大群众结合在一起，谁就有力量、有智慧、有办法，就能够经受考验，战胜困难，取得突出的成绩。

人民群众是历史的主人，作为先进生产力和先进文化的创造主体，人民群众理所当然地应该共享他们所创造的物质文化成果。正是由于清醒地认识到了这一真理，中国共产党在改革开放的伟大实践中，努力把发展先进生产力、建设先进文化最终落实到不断满足人民群众的物质文化需求之中，通过推进社会的全面发展来实现人的全面发展，不仅赢得了亿万人民群众的拥护和支持，也保证了党和国家各项事业的顺利发展。

第九章 立党之本:永葆党的先进性

鲜红的"党员标志牌"挂在每个党员的家门口,明亮的"党员联系户"标牌钉在贫困户的门框上,环境卫生、计划生育、勤劳致富、政策宣传等"无职党员岗"遍布乡村……这是北京房山区十渡镇和城关镇近年来发生的新变化。

地处太行山深山区的十渡镇,农村党员有潜质,但一直缺少发挥作用的渠道。后来,镇党委开展了"党员联系户"等一系列党员参与性很强的活动,既密切了党群关系,又为党员发挥作用提供了广阔的空间和舞台。

在九渡村村民郑明太的家门口,一块"党员联系户"的标牌引人注目。上面写着村党支部书记刘玉金等5名党员和联系对象的名字,党员的职责是负责向联系对象宣传富民政策、提供致富信息,并帮助他们走出困境。郑明太兄弟俩,一个痴呆,一个受过精神刺激,同住在父母生前留下的三间房子里,生活十分困难。郑明太说："父母在世时，我们兄弟俩什么也不用操心，父母去世后，我们过得很艰难。如今，我们成了党员联系对象，大米、白面和豆油送到家中，日子一天天好起来了。原来靠父母，现在靠党员，感觉就像父母在世一样。"

有近10万人的城关镇，原为房山区政府所在地，商业比较发达。过去，部分党员先锋模范作用发挥不够突出，甚至将自己混同于一般群众。近年来，镇党委设置了村务发展、公共事务、经济发展、思想政治工作四大类共21个无职党员岗，将党员置于群众的监督之下，增强了党员的责任意识，有效地促进了党员先锋模范作用的发挥。

在城关镇瓜市村党支部书记兼村委会主任的办公桌上有一块新立的"工作规范十必须"标牌。上面写道："上班必须提前，有事必须请假，环境必须整洁，待人必须热情，分工必须明确，责任必须清楚，决议必须落实，工作必须认真，整体必须团结，上下必须一致。"村主任解释说："这是村两委班子为增强自我约束能力而提出的新要求，作为一名村干部、特别是党员干部，总不能混同于一般群众吧！"

当前，农村基层党员队伍建设面临不少新情况和新问题。如何加强党员队伍的建设，保持共产党员的先进性，是摆在各级农村基层党组织面前的一个重大课题。为此，房山区委组织部围绕"三个代表"思想，在十渡镇和城关镇开展了"对照党章找差距、率先垂范做奉献"党员学习教育活动。通过学理论、查问题、搞评议、抓整改,增强了广大党员的宗旨意识,先锋模范作用更加突出,党在群众中的威信也大大提高了。

第一节　党的先进性是党生存和发展的根本依据

政党先进性的实质是党能否始终站在时代的前列,正确地指导伟大的革命和建设。在执政条件下,其核心就是能否争得民心、巩固政权、长久执政。具体的表现形态就是党能否提出和实施适应时代要求的、被最广大人民群众所拥护的路线、方针和政策,把革命和建设事业不断引向胜利。唯此,党才能生存和发展。

近现代中国的政党史特别是中国共产党90多年来的历史已充分证明:任何政党只有当它具有并保持先进性的时候,才能生存和发展。相反,如果它没有先进性或者丧失先进性的时候,它就难以存在和发展,就必然会遭到挫折,甚至走向衰亡。

中国共产党在成立之初,是个只有50多名党员的小党。由于它具有其他任何政党都不具备的先进性,所以能够在革命斗争中得到迅猛发展。经过国共两党之间的决战,中国共产党最终扭转了乾坤,改变了近代中国的命运,把一个黑暗的中国变成了光明的中国。我们党也使自己从一个领导人民为夺取全国政权而奋斗的党，变成一个领导人民掌握全国政权并长期执政的党；从一个在受到外部封锁状态下领导国家建设的党，变成在全面改革开放条件下领导国家建设的党。这充分说明，政党的先进性是党生存和发展的根本依据。

中国共产党之所以能够从小到大，由弱变强，除了自身固有的先进性外，还在于它善于通过不断的理论探索和积极实践来克服自身的失误和偏差，以保持和发扬党的先进性。其中，最成功的做法有三条：一是用整风的方法来克服自身的失误和偏差，统一全党思想。从延安整风到"三讲"教育，无不体现着整风的精神。二是重视思想建设，尤其重视用理论创新的成果——毛泽东思想、邓小平理论武装全党。三是在历史的转折关头能够以马克思主义的洞察力，及时地回答时代所提出的课题，紧跟时代步伐，保持先进性。早在全国解放前夕，作为中国共产党第一代领导集体核心的毛泽东就在党的七届二中全会上提醒全党，务必继续保持谦虚、谨慎、不骄、不躁的作风；务必继续保持艰苦奋斗的作风，这"两个务必"的核心就是要求全党在执政条件下继续保持党的先进性。在随后展开的社会主义革命和建设中，党在探索社会主义基本发展规律的同时，也在探索、加强党的建设、保持先进性的理论与途径。其中既积累了可贵的经验，也留下了可资借鉴的教训。

十一届三中全会以后，以邓小平为核心的党的第二代领导集体，坚持解放思想、实事求是的思想路线，深刻总结了在执政条件下党的建设的一系列经验教训。党立足于对社会主义本质的认识，提出了从制度建设入手，把我们党建设成为一个有战斗力的、领导全国人民进行社会主义物质文明和精神文明建设的坚强核心，从而开创了加强自身建设，保持先进性的新局面。

在新旧世纪之交，面对复杂多变的国内外形势和党所担负的历史任务，以江泽民为核心的党的第三代领导集体，又集中全党智慧，提出了"三个代表"的重要思想，集中概括了进入21世纪的中国共产党保持先进性的根本要求。它的鲜明特点，就是把我们党能否保持先进性和巩固执政地位而立于不败之地的问题，放到中国先进生产力和先进文化的发展中去考察，放到同最广大人民的联系中去考察，要求全党按照"三个代表"的思想全面加强和改进党的建设。这就从根本上回答了在充满希望与挑战的21世纪，要把我们党建设成为一个什么样的党和怎样建设党这样一个头等重要的问题，从而使党的先进性建设进入了一个新阶段。

第二节　全面把握无产阶级政党先进性的标准

"三个代表"重要思想的一个显著特点，就是不仅论述了新时期为什么和怎样加强党的先进性建设，而且阐明了衡量先进性的客观标准，明确指出："看一个政党是否先进，是不是工人阶级先锋队，主要看它的理论和纲领是不是马克思主义的，是不是代表社会发展的正确方向，是不是代表最广大人民的根本利益。"这一重要思想揭示了党的先进性的本质内涵，为我们正确理解和全面把握无阶级政党的先进性提供了客观标准，也为党的先进性建设指明了方向。

马克思主义的指导，是无产阶级政党先进性的首要标准。政党是阶级的政治代表，一个政党是否具有先进性，为什么主要应看它的理论和纲领是不是马克思主义的呢？这是因为马克思主义是集科学性、实践性、先进性、开放性于一体的无产阶级革命理论，与时俱进更是它突出的理论品质，能够使无产阶级政党保持其先进性。坚持以马克思主义为指导思想，就能用科学世界观和方法论指导党的自身建设和人民群众的历史创造活动，就能使党的实践顺应客观规律，就能保持工人阶级先锋队的优秀品格。无产阶级政党虽然是以最先进的工人阶级为基础的，但是工人阶级在没有掌握马克思主义之前，还是一个自在的阶级，只有在掌握了马克思主义之后，才认识到了自己存在的价值和历史使命，才由一个自在的阶级变成一个自为的阶级，要求成立自己的政党便是这种变化的首要标志。所以，无产阶级政党存在和发展的一个根本前提，就是在指导思想上必须接受并坚持马克思主义。

代表社会发展的正确方向，是无产阶级政党先进性的本质标准。是否代表社会发展的正确方向，之所以是衡量一个政党是否具有先进性的本质标准，是因为社会发展的正确方向，反映着人类社会历史发展的规律和必然趋势，在本质上与政党的先进性是一致的。历史潮流，浩浩荡荡，顺之者昌，逆之者亡。一个具有先进性的政党，它的所作所为只有符合历史发展规律和时代潮流的必然趋势，才能始终代表社会发展的正确方向。否则，它就要被历史淘汰。从人类历史的大视角来看，无产阶级政党是为实现共产主义即人类的彻底解放而不懈奋斗的党。共产主义事业反映着人类社会发展的客观规律和必然趋势，它始终是面向未来和代表未来的。这就决定了共产党人能够而且必须始终准确地把握时代的脉搏，始终代表社会发展的正确方向。所以，坚持代表社会发展的正确方向，是无产阶级政党先进性的本质标准。

代表最广大人民群众的根本利益，是无产阶级政党先进性的根本标准。任何政党要求得生存和发展，除了得到本阶级的拥护和支持外，还必须有广大的人民群众的支持和拥护。尤其是执政党，群众基础越广泛，它的执政地位就越稳固。而政党要拥有广泛的群众基础，就必须坚持把人民的根本利益作为它的理论、路线、纲领的出发点和归宿点。正如江泽民同志在庆祝建党80周年大会上的重要讲话中所指出："最大多数人的利益是最紧要和最具有决定性的因素"，由此，他把"是不是代表最广大人民的根本利益"作为衡量党的先进性的一条重要标准，特别强调"全心全意为人民服务，立党为公，执政为民，是我们党同一切剥削阶级政党的根本区别,也是衡量无产阶级政党是否具备先进性的根本标准"。

第三节　保持党的先进性的根本要求是自觉践行"三个代表"

"三个代表"重要思想作为对我们党根本性质、宗旨和历史任务的新概括,体现了马克思主义历史观、实践观和价值观的统一。因此,自觉践行"三个代表",是对我们党保持先进性的根本要求。

首先,敏锐地洞察和把握当代社会生产力的发展趋势,反映和代表先进生产力的发展要求,是党站在时代前列的首要标志。生产力是社会发展最根本的决定性因素,无产阶级政党是社会化大生产的产物,是先进生产力的代表。因此,无产阶级政党要永葆先进性,就必须紧跟时代步伐,与先进生产力始终保持密切联系。而时代的根本性标志是生产力的发展水平,科学技术的重大发展和生产力质的变革,总是预示着一个新时代的到来。政党作为社会政治上层建筑的重要组成部分,只有不断反映先进生产力的发展要求,其生存和发展才有深厚的物质基础。而要反映和代表先进生产力的发展要求,党只有始终站在时代前列,才能敏锐地洞察和把握当代社会生产力的发展趋势。很难想象,一个对时代变化反应迟钝、麻木,甚至漠视生产力发展状况的党,能够反映和代表先进生产力的发展要求。所以,能否敏锐地洞察和把握当代社会生产力的发展趋势,反映和代表先进生产力的发展要求,是党站在时代前列的首要标志。

其次,吸纳一切优秀文化成果,促进先进文化建设,代表所处时代先进文化的前进方向,是党站在时代前列的重要标志。文化是时代前进的重要推动力和标识。人类文明越发展,文化的地位和作用就越突出。先进文化或揭示人类社会发展趋势,或反映生产力发展要求,或体现了时代的精神,它既是人类一切优秀文明成果的结晶,也是人类当代智慧的精华。一个先进的政党,必然是以先进的文化作为自己深厚的精神底蕴和思想旗帜的。江泽民同志在庆祝建党80周年的讲话中明确指出:"我们党要牢牢把握中国先进文化的发展趋势和要求,坚持以马克思列宁主义、毛泽东思想、邓小平理论为指导,立足于建设有中国特色社会主义的实践,着眼于世界科学文化发展的前沿,不断发展健康向上、丰富多彩的、具有中国风格、中国特色的社会主义文化,满足人民群众日益增长的精神文化需求,引导广大人民群众从思想上、精神上正确武装和不断提高起来。这也是我们党始终站在时代前列,保持先进性的根本体现和根本要求。"这一论断,同样阐述了代表先进文化的前进方向与党保持先进性的内在联系。这种联系,要求我们党必须高度关注中国先进文化的发展趋势和要求,坚持马克思主义的指导。在批判、继承、借鉴一切优秀文化的基础上，促进先进文化的发展。只有这样，才表明党站在时代前列，代表了所处时代先进文化的前进方向。

再次，反映人民群众的愿望，代表最广大人民的根本利益，是党站在时代前列的根本标志。看一个政党能不能站在时代的前列，最根本的是看它是不是敢于和善于体现人民群众的意志、愿望和要求，看它的纲领、路线是不是真正代表了人民群众的根本利益。因此，政党的先进性与代表群众的广泛性在本质上是一致的。无产阶级政党代表人民群众利益的彻底性和广泛性是其他政党无法比拟的。立党为公，执政为民，是我们党同一切剥削阶级政党的根本区别。90多年来，我们党进行的一切奋斗归根结底都是为了最广大人民的利益，尽管在不同的历史时期党的任务有所变化，但始终代表最广大人民的根本利益，全心全意为人民服务，是党始终不渝的宗旨。反映人民群众的愿望和要求，始终代表最广大人民的根本利益，是确保我们党始终走在时代前列、保持先进性的根本标志。

第十章 改革创新：全面推进党的建设

第四军医大学吉林军医学院坐落在美丽的松花江畔。过去，偌大的营区见不到一个清洁箱，日积月累，垃圾在校园一角堆成了山。和垃圾山对应的是一个10000多平方米的臭水坑，院内没有地下排水系统，臭水坑就成了污水的集散地。

为整治环境，党委"一班人"全部来到污山浊水现场。面对这样的生活环境，常委们深深自责：党的作风关系到党的生命。我们这一级党组织的作风好坏，会直接影响"三个代表"重要思想的落实。为什么上级领导挂号的工作，阻力再大，困难再多，也会抓得有头有尾？为什么群众不满意的事，做起来就会有始无终？这不单单是工作方法和精力分配问题，而是一个工作作风和对群众的感情问题。

找准思想症结后，一个变废为宝，移"山"、填"海"、造湖的计划很快被院党委定了下来。主抓行管后勤工作的副院长立下军令状：半年之内彻底改善环境。

为此，"一班人"调动了全院人员。教职员工八仙过海，各显身手。为节省经费，院领导亲自奔赴江边采沙场讨价还价，亲自上山到采石场检验石质。这边移"山"、填"海"、造湖，那边挖沟、修渠，抓紧修建地下排水工程。常委们的日历牌上没有了星期天、节假日，以倒计时的方式拼命地干。从6月开工到十一竣工，不到半年，一个名为"颐馨湖"的水上公园正式落成。国庆节这天，全校教职员工欢天喜地地接纳了党委"一班人"献上的厚礼。

学院的房舍都是20世纪50年代建造的，寿命普遍到了使用临界期。在校2000多名学员分布在十几个食堂里就餐，条件简陋得如同路边的大排档。屋内冬冷夏热，吃饭时学员没有饭桌和凳子。这些深深刺痛了院领导的心：不能再让教职学员吃苦受冻了。为此，院长、政委多次碰头谋划，要为学员建个新食堂，要改造供热线路，采取集中供热。通过市场调研，采取与地方一家公司联手等办法，仅在93天内就建起了一座可同时容纳2500人就餐的大型现代化餐厅，并正式投入使用。

一流的速度，取得了一流的成绩。近年来学院先后完成经济适用住房、集中供暖、翻修学员宿舍、营院环境整治等八大工程。这些都让教职员工看到了学院党委"一班人"实践"三个代表"，加强和改进党的作风而树立的新形象。

在践行"三个代表"过程中，学院党委深深体会到了党的作风关系党的形象。群众高兴的事，就是领导要大张旗鼓多干的事。因此，近来年，群众不满意的事，学院党委解决了不少，群众拍手称快的事干了不少，群众不答应的事党委也敢理直气壮地亮"红灯"。他们有一条重要的体会是：加强和改进党的作风，防止以权谋私、拒腐防变，是关系到人心向背的一个十分紧迫的问题，必须高度重视并加以解决。

第一节　中国共产党的性质和宗旨

党的性质是一个政党所具有的质的规定性，是"建设什么样的党、怎样建设党"所必须解决的首要的、根本的问题。中国共产党从诞生起，就是按照马克思主义建党原则建立起来的完全新型的工人阶级政党。十六大党章将党的性质进一步阐述为"中国共产党是中国工人阶级的先锋队，同时是中国人民和中华民族的先锋队，是中国特色社会主义事业的领导核心，代表中国先进生产力的发展要求，代表中国先进文化的前进方向，代表中国最广大人民的根本利益。党的最高理想和最终目标是实现共产主义"。这段话，从党的阶级性和先进性、党的地位和作用、党的根本宗旨、党的最高理想和最终目标等四个方面，阐明了党的性质。这是对党的性质的一个完整的新概括、新表述。

中国共产党以工人阶级作为自己的阶级基础，是中国工人阶级的先锋队。党的这一基本性质，是历届党章所明确规定的，也是建党90多年历史所反复证明了的。改革开放以来，中国工人阶级队伍不断壮大，思想道德素质和科学文化素质日益提高，工人阶级的先进性也在发展，党的阶级基础不断增强，工人阶级仍然是先进生产力的代表，仍然着一个与时俱进的先进阶级。因此，我们党始终坚持工人阶级先锋队的性质，坚持全心全意依靠工人阶级的立场没有变，也不会变。

中国共产党"同时是中国人民和中华民族的先锋队"，这是我们党在新的历史条件下对党的先锋队性质认识的进一步深化、丰富和发展。历史表明，我们党不仅代表工人阶级和劳动人民的利益，同时也代表全体人民和整个中华民族的利益，肩负着双重使命。把党的先锋队性质由"一个先锋队"，进一步表述为"两个先锋队"，全面体现了中国共产党的本质属性。它不但坚持了"党是工人阶级先锋队"的阶级属性，而且使之具有了更加广泛的群众基础，把"千千万万"的人民团结在党的周围，组成"浩浩荡荡"建设中国特色社会主义的大军，从而实现中华民族伟大复兴的壮丽事业。强调党是两个先锋队，符合党的历史发展，更是面对现实和应对未来挑战的需要。这样表述不仅符合执政后的党情，符合时代要求，而且有利于拓展党的工作的覆盖面，提高党在全社会的影响力和凝聚力，有利于全党同志更加深刻地认识和落实党所肩负的历史责任，避免历史上的"左"倾关门主义，团结和带领全国各族人民万众一心地建设中国特色社会主义。强调党要同时成为"中国人民和中华民族的先锋队"，并不意味着否定党的"工人阶级先锋队性质"，也不意味着要把党变成"全民党"。

"党是中国特色社会主义事业的领导核心，代表中国先进生产力的发展要求，代表中国先进文化的前进方向，代表中国最广大人民的根本利益。党的最高理想和最终目的是实现共产主义"。这是立足于中国特色社会主义的理论和实践，对党的领导核心所作的更加切合我们党和国家现实状况的进一步表述。它把"三个代表"和"两个先锋队"共同作为党的性质的重要性鲜明地表达出来，极大地丰富了党的先进性的内涵。而党的最高理想和最终目标说明了党的奋斗目标，因而它是党的性质的重要体现。

第二节 加强党的建设的总要求

高度重视和不断加强自身建设，是我们党从小到大、由弱到强，从挫折中奋起、在战胜困难中不断成熟的一大法宝。中国共产党建立以来，历经了新民主主义革命、社会主义建设和改革开放三大历史阶段，形成了以毛泽东、邓小平、江泽民为核心的三代中央领导集体。三代领导集体紧紧围绕党在不同历史阶段的政治路线和中心任务高度重视党的建设。

新民主主义革命时期，以毛泽东为核心的第一代中央领导集体，针对我国特殊的国情和党情，以思想建党为重点，全面加强党的建设，成功地实施了党的建设的伟大工程。在改革开放新时期，以邓小平为核心的第二代中央领导集体，结合新的历史任务和党的自身状况，以制度建设为重点全面加强党的建设，开创了党的建设的新的伟大工程。在改革开放和社会主义现代化建设新阶段，以江泽民为核心的第三代中央领导集体，根据新的形势和任务，提出了按照"三个代表"重要思想的要求建党，继续推进了党的建设新的伟大工程。正是由于党的前三代领导集体高度重视加强自身建设，保持了党的生机和活力，推进了党和国家事业不断发展。党在新的历史条件下，必须高度重视党的自身建设，才能不断提高党的执政能力，巩固党的执政地位。

党的十六大深刻分析了进入新世纪国内外形势的发展变化，根据全面建设小康社会的奋斗目标，提出了加强和改进党的建设"四个一定要"的总要求。即一定要高举邓小平理论伟大旗帜，全面贯彻"三个代表"重要思想，保证党的路线、方针、政策全面反映人民的根本利益和时代发展的要求。一定要坚持党要管党、从严治党的方针，进一步解决提高党的领导水平和执政水平、提高拒腐防变和抵御风险能力这两大历史性课题。一定要准确把握当代中国社会前进的脉搏，改革和完善党的领导方式和执政方式、领导体制和工作制度，使党的工作充满活力。一定要把思想建设、组织建设和作风建设有机结合起来，把制度建设贯穿其中，既立足于做好经常性工作，又抓紧解决存在的突出问题。

党的十六大对党的建设还提出了一个新要求，即加强党的执政能力建设，提高党的领导水平和执政水平，这也是推进党的建设新的伟大工程的重点。

加强党的执政能力建设，是由我们党的执政地位决定的。我们党领导社会主义现代化建设，面临着错综复杂的国际局势和日益激烈的国际竞争，面临着执政条件和社会环境的深刻变化，肩负的领导责任重大而艰巨，要不辱使命、不负重托，就必须不断增强执政能力。加强党的执政能力建设，是把握共产党执政规律，提高党的领导水平和执政水平，巩固党的执政地位的必然条件。党的各方面建设，最终都应该体现到提高党的执政能力上来，体现到巩固党的执政地位上来。

十六大报告要求各级党委和领导干部要适应新形势、新任务的要求，从五个方面提高执政能力：一是不断提高科学判断形势的能力；二是不断提高驾驭市场经济的能力；三是不断提高应对复杂局面的能力；四是不断提高依法执政的能力；五是不断提高总揽全局的能力。党的十六届四中全会对全党提出了从五个方面加强党的执政能力：一是不断提高驾驭社会主义市场经济的能力；二是不断提高发展社会主义民主政治的能力；三是不断提高建设社会主义先进文化的能力；四是不断提高构建社会主义和谐社会的能力；五是不断提高应对国际局势和处理国际事务的能力。

第三节 以改革创新的精神，全面推进党的建设

在21世纪，党要带领人民夺取全面建设小康社会新胜利、开创中国特色社会主义事业新局面，关键是要抓好自身建设。党的十七大报告强调以改革创新精神全面推进党的建设的新的伟大工程，并作出了具体的工作部署，即："一条主线、五个重点、一个目标、六项任务"。党的十七大关于党的建设的总体部署使党的建设具有鲜明的时代特征，集中地体现了在中国特色社会主义条件下对执政党建设的本质要求。

明确了一条主线：就是把党的执政能力建设和先进性建设作为主线，坚持党要管党、从严治党，全面贯彻为民、务实、清廉的要求。把党的执政能力建设和先进性建设作为主线，全面推进党的建设新的伟大工程，这是新形势下党的建设的总体要求和根本思路，为进一步加强和改进党的建设指明了努力方向。在新的发展阶段，把党的执政能力建设和先进性建设作为主线，全面推进党的思想建设、组织建设、作风建设、制度建设和反腐倡廉建设。只有这样，才能把党的建设的各个方面和各个环节有机贯通起来，进一步

提高党的领导水平和执政能力，进一步提高拒腐防变和抵御风险的能力，从而保证我们党在建设中国特色社会主义的历史进程中始终成为坚强的领导核心。

突出了五个重点：就是以坚定理想信念为重点加强思想建设；以造就高素质党员、干部队伍为重点加强组织建设；以保持党同人民群众的血肉联系为重点加强作风建设；以健全民主集中制为重点加强制度建设；以完善惩治和预防腐败体系为重点加强反腐倡廉建设。这"五个重点"，既抓住了党的建设的关键，又涵盖了党的建设的各个方面，需要贯通起来加以领会，全面把握和落实。

确立了一个目标：中国共产党在今天的社会历史条件下，究竟应该是一个什么样的形象？党的十七大报告给了我们明确的回答：使党始终成为立党为公、执政为民，求真务实、改革创新，艰苦奋斗、清正廉洁，富有活力、团结和谐的马克思主义执政党。这一段表述更加凸显出中国共产党作为领导中国特色社会主义事业执政党的时代特点，从执政理念、执政作风和执政状态三个方面为中国共产党作了形象定位，使党的建设目标更加完整。

提出了六项任务：就是深入学习贯彻中国特色社会主义理论体系，着力用马克思主义中国化最新成果武装全党；继续加强党的执政能力建设，着力建设高素质领导班子；积极推进党内民主建设，着力增强党的团结统一；不断深化干部人事制度改革，着力造就高素质干部队伍和人才队伍；全面巩固和发展先进性教育活动成果，着力加强基层党的建设；切实改进党的作风，着力加强反腐倡廉建设。十七大报告部署了六个方面的重大任务，提出了一系列重大创新举措。

以改革创新精神加强党的建设，就是要在党的建设中坚持以邓小平理论和"三个代表"重要思想为指导，深入贯彻落实科学发展观，坚持理论联系实际，坚持解放思想、实事求是、与时俱进，勇于变革、勇于创新，永不僵化、永不停滞，善于用改革的办法破解党在建设中遇到的难题，善于用创新的思路寻求提高党的执政能力、保持和发展党的先进性的途径，努力做到在理论上不断有新发展、在实践上不断有新创造；就是要通过党的思想建设、组织建设、作风建设、制度建设和反腐倡廉建设的改革创新，使党的理论、路线、方针和政策始终顺应时代发展的潮流和我国社会发展进步的要求、反映我国各族人民的利益和愿望，使各级党组织不断提高创造力、凝聚力和战斗力，始终发挥领导核心作用和战斗堡垒作用，使广大党员不断提高自身素质、始终发挥先锋模范作用，使我们党保持与时俱进的品质，始终走在时代前列，不断提高执政能力、巩固执政地位、完成执政使命。

第十一章 发展战略：全面建设小康社会

这是一个村，但就是这样一个村，设计了"远看像林园，近看是公园，细看是农民生活乐园"的规划，工业区、生活区、休闲娱乐区，应有尽有。

这是一群农民，但就是这样一群农民，不仅创造了属于自己的"天下第一村"，而且正在描绘属于更多人的富裕蓝图。

这就是已经名扬四方的华西村。这就是正在实践"三个代表"、实现共同富裕的华西村。

"华西村变大了。"华西村新村民金孝议说。金孝议原是河南洛阳郊区农民，多年前，来到华西村附近的三余巷村开车。这些年来，老金目睹了华西村的变化和华西人的幸福，心中暗藏一个愿望，盼着早日成为华西的村民。2002年2月26日，是他与另外87户人家的大喜日子。从这一天起，他们正式成为华西村的新村民。"作为外乡人甚至是外省人，能成为华西人真是我们一生一世的幸事。"新村民们兴奋地说。

其实,喜悦的不光是这88户,周边刚刚并入华西的7个村、1.1万人也都拥有同样的喜悦。进入21世纪以来,一个"大华西"正在崛起。华西村的人口从1526人一下子增加到13000多人,面积从9.96平方公里扩大到11平方公里。

华西的老村民会不会担心并村"稀释"原有的富裕?华西村党委副书记缪洪达很肯定说:"不会。一村富了不算富,全国富了才算富,华西村人有这样的胸怀。"他说,并村给华西带来了更大的发展空间和丰富的人力资源。"当然,这也是一个挑战,'大家庭'需要'大思维','一分五统'(村办企业分开、资金统一管理、干部统一使用、劳动力统一安排、福利统一发放、村建统一规划)就是一个'软着陆'的良策。"

村民说:"我们这里的党员看得见,信得着,最脏的活、最难的事、最苦的差,党员总是冲在前面。党员在身边,就是'三个代表'在身边。"

群众的根本利益始终装在华西干部的心坎上。华西村老书记吴仁宝常说,华西的干部对上要同党中央保持一致,对下要同老百姓保持一致,偏废不得。吴仁宝还告诫自己:"不怕群众不听话,就怕自己说错话。"要做到不说错话,吴仁宝认为根本上要做好两条:一是勤奋学习,坚持贯彻"三个代表"重要思想;二是深入群众,注意倾听大伙的呼声,"为群众所想而想、为群众所干而干"。

华西还修建了通向沿江的高速路,这条路把华西到上海的车程缩短到1小时。这是一条希望之路,1.3万人口的"大华西"将从这里走出去,走向"共同富裕"的彼岸。

第一节 全面建设小康社会的目标

党的十六大提出的全面建设小康社会的理论和纲领,进一步丰富和发展了邓小平同志关于小康社会的理论和中国现代化发展的战略思想,对如何实现第三步战略目标的初始阶段作出了全面规划,把实现第三步战略部署与第二步战略部署有机衔接起来,成为从小康走向现代化的行动纲领。

全面建设小康社会的目标是:

——在优化结构和提高效益的基础上,国内生产总值到2020年力争比2000年翻两番,综合国力和国际竞争力明显增强。基本实现工业化,建成完善的社会主义市场经济体制和更具活力、更加开放的经济体系。城镇人口的比重较大幅度提高,工农差别、城乡差别和地区差别扩大的趋势逐步扭转。社会保障体系比较健全,社会就业比较充分,家庭财产普遍增加,人民过上更加富足的生活。全面建设小康社会在经济上的核心指标是到2020年国内生产总值比2000年翻两番,即2000年我国的国内生产总值是8.9万亿人民币，到2020年要达到35万亿人民币。按照现在的汇率，是5.6万多亿美元，总量和现在的日本差不多。我国的人口约14亿多一点，人均是4000美元。这一指标的实现，我国的综合国力和国际竞争力将明显增强。同时，也为缩小工农差别、城乡差别和地区差别，以建立健全社会保障体系和人民过上更加富裕的生活奠定了坚实的基础。

——社会主义民主更加完善，社会主义法制更加完备，依法治国基本方略得到全面落实，人民的政治、经济和文化权益得到切实尊重和保障。基层民主更加健全，社会秩序良好，人民安居乐业。

发展社会主义民主政治，建设社会主义政治文明是全面建设小康社会的重要目标。要把党的领导、人民当家作主和依法治国有机统一起来，积极稳妥地推进政治体制改革和民主政治的制度化、规范化和程序化，使人民各方面的权益得到切实保障。完善基层自治组织和民主管理制度，使人民的生活有一个良好的社会秩序，安居乐业有一个良好的环境。

——全民族的思想道德素质、科学文化素质和健康素质明显提高，形成比较完善的现代国民教育体系、科技和文化创新体系、全民健身和医疗卫生体系。人民享有接受良好教育的机会，基本普及高中阶段教育，消除文盲。形成全民学习、终身学习的学习型社会，促进人的全面发展。

人的全面发展是全面建设小康社会的重要目标,思想道德素质、科学文化素质和健康素质的提高是人的全面发展的主要内容,而加强文化建设是实现这一目标的主要途径。要不断完善现代国民教育、科技和文化创新及全民健身和医疗卫生三大体系,使人民三大素质的提高有切实的保证。使我们的社会成为一个学习型的社会,使人民群众能够享有终身学习的机会。

——可持续发展能力不断增强,生态环境得到改善,资源利用效率显著提高,促进人与自然的和谐,推动整个社会走上生产发展、生活富裕、生态良好的文明发展道路。

全面建设小康社会,要求整个社会走上文明的发展道路,要使人民有一个良好的生活环境。在经济发展的同时,生态环境的质量要不断提高,各种资源要得到充分利用,人的全面发展和社会的全面进步要与自然相协调,走上一条经济繁荣、生活富足、环境优美的良性发展道路。

党的十六大确立的全面建设小康社会的目标,是中国特色社会主义经济、政治、文化全面发展的目标,是与加快推进现代化相统一的目标。全面建设小康社会这20年,是实现现代化建设第三步战略目标必经的发展阶段。21世纪前20年的发展目标若能实现,中国的经济面貌将发生巨大的变化,中国社会将有更大的进步,从而为在21世纪中叶基本实现现代化打下坚实的基础。

全面建设小康社会的纲领是宏伟的,也是经过努力能够实现的。这是因为，确立全面建设小康社会的目标，符合我国国情和现代化建设的实际进程，也有利于向国际社会真实地展示我国的良好形象。全面建设小康社会，我国具备了诸多有利条件：

第一，我国有比较雄厚的物质技术基础，经济有广阔的增长空间。改革开放以来，我国现代工业的发展，使我们具备了经济发展的良好基础，加之大规模地引进了国外的先进技术装备，许多过去想做而做不到的建设事业现在都能做到了。我国工业化的历史任务尚未完成，刚进入总体小康，不论是投资还是消费，都有巨大的市场潜力。人民生活水平和质量的提高、产业结构的升级、城乡建设的开展，都会形成新的经济增长点。科学技术的不断发展，为国民经济的持续发展提供了现实的可能性。

第二，不断完善的社会主义市场经济体制将使社会生产力获得进一步的解放，为经济持续快速增长提供了体制保证。现代化进程中的矛盾和问题，将会在改革和发展中逐步得到解决。对外开放的扩大和水平的提高，将使我们有可能在经济全球化的浪潮中更好地利用国内外两种资源和两个市场，在激烈的国际竞争中发挥比较优势和后发效应。

第三，我国的经济发展有一个良好的外部环境。虽然国际政治和经济形势的不稳定和不确定性在增加，但和平与发展仍然是时代的主题，新的世界大战在可预见的时期内不会爆发，我国仍然能够集中力量进行国内建设。我国奉行独立自主的和平外交政策,积极争取有利于国内建设的国际环境和良好的周边环境,有比较大的回旋余地。世界范围内迅猛发展的经济结构调整,为我国提供了难得的发展机遇。

第四,我们有党的坚强领导和全国各族人民同心同德的努力。实践证明,党的基本理论、基本路线和基本纲领是正确的,基本方针政策是行之有效的。党的十六大总结了党领导人民建设中国特色社会主义的基本经验,依靠全党和全国人民的团结奋斗,全面建设小康社会的宏伟纲领一定能够实现。

第二节 "三个代表"重要思想是全面建设小康社会的根本指针

要实现全面建设小康社会,关键在党。十六大报告是党的纲领性文献,中国共产党不仅是这个纲领的制定者,也是实现这个纲领的领导者和实践者。中国共产党是马克思列宁主义同中国工人运动相结合的产物,在实践中保持其自身先进性必须具有以下几个必备的基本条件:一是中国工人阶级自身和社会各阶层人员的先进性。党的先进性是以工人阶级的先进性为坚实基础的。改革开放以来,工人阶级的先进性也在发展,队伍不断壮大,结构不断优化,素质不断提高,为保持党的先进性创造了条件。二是党的科学指导理论的发展和创新马克思主义具有与时俱进的理论品质。要使党和国家的事业不停顿，首先理论上就不能停顿，坚持用发展着的马克思主义指导新实践，不断推进马克思主义的中国化，不断丰富和发展马克思主义，为保持党的先进性创造了极为必要的条件。三是党的路线、纲领、方针、政策和各项工作，总是代表最广大人民的根本利益。我们这个社会日益呈现多元化趋势，不同的社会阶层具有不同的物质利益，有的还有矛盾和冲突。我们党的各级领导干部必须站在最大多数的人的立场上考虑问题和处理问题，而绝不能站在少数人的立场上，更不能以权谋私，形成既得利益集团，这是保持党的先进性的一个基本条件，也是带领全国人民实现小康社会的根本所在。

其次，全面建设小康社会，必须紧紧抓住发展这个执政兴国的第一要务。我们党要始终做到"三个代表"，保持自己的先进性，归根结底要看实践行动，由实践结果来检验。党的先进性是具体的、历史的，必须放到推动当代中国先进生产力和先进文化的发展中去考察，放到维护和实现最广大人民的根本利益的奋斗中去考察，归根结底要看党在推动历史前进中的实际作用。不同的历史时代，对党的先进性的要求是不同的。当前，我们党在中国这样一个经济文化落后的发展大国领导人民进行现代化建设，能不能解决好发展问题，直接关系人心向背，事业兴衰；能不能抓住机遇，加快发展，是一个国家，一个民族赢得主动，赢得优势的关键所在。发展是当代中国的主题，国家的昌盛，人民的富裕，说到底是经济实力的竞争。经济发展了，国力强大了，我们才能有力量抵御任何自然和社会的风浪，顶住任何外来的威胁和压力，也才能实现民族振兴，对人类做出更大贡献。因此，我们必须坚持用发展的办法解决前进中的问题，坚持把保持党的先进性和发挥社会主义制度优越性，落实到发展先进生产力，发展先进文化，实现最广大人民的根本利益上来，推动社会全面进步，促进人的全面发展。紧紧把握这一点，就从根本上把握了人民的愿望，把握了社会主义现代化建设的本质。离开了发展，坚持党的先进性，发挥社会主义制度的优越性和实现民富国强都无从谈起。紧紧抓住发展这个执政兴国的第一要务，要自觉做到三个必须：一是必须坚持以经济建设为中心，立足中国现状，顺应时代潮流，不断开拓先进生产力和先进文化的新途径；二是必须坚持和深化改革，坚决冲破一切妨碍发展的思想观念，坚决改变束缚发展的做法和规定，坚决革除影响发展的体制和弊端；三是必须坚信和依靠人民，人民是推动历史前进的动力，是建设有中国特色的社会主义事业的主体力量，要集中民智民力，聚精会神搞建设，一心一意谋发展，为实现全面建设小康社会的伟大目标而奋斗！本世纪的前20年对我国来说，是必须紧紧抓住并且可以大有作为的重要战略机遇期，之所以说这是一个重要战略机遇期，是因为我国三十多年的改革开放和"三步走"战略前两步战略的实现为深化改革，实现邓小平提出的"三步走"发展战略奠定了基础，加入世界贸易组织为中国扩大开放，不断提高对外开放水平创造了前所未有的条件。但同时，我们也必须看到，我国正处于发展的关键时期，第三步战略能否最终实现，关键取决于近一二十年的发展；我国的改革正处于攻坚阶段，经济增长方式能否顺利转变，经济结构调整能否顺利到位，西部大开发能否迅速取得成效，国有企业改革能否更好地适应经济发展需求，也取决于近一二十年的发展。所以江泽民同志在十六大报告中强调，全党全国上下要抓住机遇，坚持深化改革，扩大开放、促进发展、保持稳定，团结和带领全国各族人民坚定不移地实现我们的目标。

第十二章 百年大计:实现中华民族的伟大复兴

从饱受欺凌的半封建半殖民地国家到联合国安理会常任理事国,从新中国成立时的"一穷二白"到如今经济总量跃居世界第二,从"东亚病夫"到成功举办北京奥运会……中国在共产党的领导下实现了跨越式的发展。中国的经验对于世界有何借鉴意义?一时间,"中国道路"、"中国模式"引起了世界各国的关注和热议。

"许多发展中国家都羡慕中国的发展。试问哪个贫穷的国家不想连续30年保持10%的GDP年均增速?哪个领导者不想在实现高增长的同时保证长久执政?"英国《金融时报》前驻北京记者理查德·麦格雷戈在美国《外交政策》杂志上提道:"中国在管理发展方面有很多重要经验可以传授给其他国家。"

保加利亚共产党第一书记亚历山大·帕乌诺夫说:"看看过去20年社会主义阵营发生的变化,就不难得出这样的结论:中国开创了适合自己的发展模式和道路。苏共先是在意识形态领域开始变革，一夜之间让国家从社会主义过渡到资本主义。而中国共产党则通过推行正确的经济政策，有效克服了改革过程中惯常遇到的问题，发展成就显而易见。"

"中国已为世界作出了巨大贡献，中国发展模式无论对中国还是世界其他国家都具有重要意义。"美国前国务卿基辛格如是说。

而在白俄罗斯共产党中央委员会第一书记戈卢别娃看来，作为执政党，"中国共产党向全世界展示了什么是共产党以及什么是为了人民、面向社会的发展道路"。

"中国取得的成就为全世界提供了一个有关社会发展的模式选项。"智利共产党总书记、众议员劳塔罗·卡莫纳也表达了类似的观点。

时光已进入21世纪，面对复杂多变的国际形势、面对国内隐隐出现的发展的瓶颈以及一些社会问题，中国共产党还将面临怎样的挑战，又该如何应对？

"路漫漫其修远兮，吾将上下而求索。"正是在不断探索的过程中，中国共产党带领中国人民从黑暗走向光明，从贫穷走向富足。在新的时期，中国共产党将带领中国人民迎来新的辉煌。中国期待着，世界期待着！

第一节　中华民族伟大复兴的实质和内涵

祖国的富强，人民的富裕，民族的复兴，是近代中国人民梦寐以求的夙愿。新的世纪，中华民族的伟大复兴，面临着难得的机遇，同时也面临着严峻的考验。要实现中华民族的伟大复兴，首先要正确把握中华民族伟大复兴的实质和内涵。

中华民族的伟大复兴，是指恢复古代中华民族在世界上长期处于领先的地位，使中华民族重新站在世界各民族前列。我国历史悠久，是与古代埃及、古代印度和古代巴比伦并称的世界四大文明古国，在人类文明史上享有重要地位。有的西方史学家甚至认为，公元400年-1000年的中国是世界的中心，公元1000年-1350年是世界的轴心。勤劳勇敢的中华民族创造的辉煌业绩，曾经长期居于世界前列，对人类历史的发展作出了巨大贡献。在我国历史上出现的"文景之治"、"贞观之治"、"康乾之治"三大盛世时期，社会生产力增长较快；多民族国家政治局面统一稳定；科技文化繁荣昌盛；国际交往领先一时。这三大盛世的历史辉煌、历史成就和历史经验，代表了中华民族的历史智慧、政治智慧和哲学智慧，是民族智慧在历史实践中的体现，也是封建社会所能达到的辉煌顶点。但是，十九世纪英法等国工业革命完成后，在变化了的世界面前，清王朝自恃"天朝物产丰盛，无所不有"而拒绝开放，拒斥变革。极端的闭关政策，把中国与西方之间的距离大大拉开了，中国变得落后了。鸦片战争后，中国又一步步沦为半殖民地半封建社会。在一百多年里，西方列强接踵而来，剥夺我主权，瓜分我领土，掠夺我财富，奴役我人民，给中华民族带来了深重灾难和亡国亡种的巨大危险。从那时起，救亡与发展成了中华民族的基本问题，民族独立、人民解放和国家繁荣富强，也就成了中华民族面临的两大历史性任务。因此，实现中华民族的伟大复兴，是指曾经在古代有过辉煌灿烂历史的中华民族彻底改变近代落后挨打的地位，中国经过100年的奋斗成为世界发达国家之一，中华民族重新站在世界各民族前列，真正以巨人的姿态屹立于世界各民族之林。

这里，有必要注意三个问题。

第一，中华民族伟大复兴，并不是要我们回到古代去，并不是颂古非今。民族复兴，不同的历史时期有着不同的内涵。中国昔日的辉煌，是相对于那个时代的生产力水平而言的。而我们今天要创造的辉煌，则建立在现代生产力基础上，以现代生产力为参照系，我们国家同发达国家相比是落后了。承认差距是为了缩短差距。我们应不甘落后，要奋起直追，再创辉煌。

第二，必须用中华民族爱好和平的历史传统，驳斥"中国威胁论"。中华民族素有热爱和平与和睦友爱的传统。在古代，思想家们就提出了"协和万邦"、天下一家的理想。我们讲中华民族伟大复兴，是为了追求自身的经济发展和社会进步，并不是为了做超级大国，更不会对别国构成威胁。然而，一些西方人却不相信中华民族具有这样的历史传统，他们有一种根深蒂固的观念，就是认为大国强盛必然要侵略扩张，因此提出什么"黄祸论"、"中国威胁论"等，由此掀起了"遏制"的声浪。对此，我们自然要做出必要的回应，我们有必要写出一部有充分历史依据的、富有说服力的中华民族发展史，让世界认识到，中华民族从来不是依靠对外征服掠夺来发展自己的。

第三，要站在人类文明发展的进程中去把握中华民族伟大复兴的历史。世界文明经历了漫长的发展过程，曾经的四大文明古国如今只剩下了中华文明，也只有中华文明在经济、政治结构和文化体系等方面保持了基本上连续不断的历史，这是世界文明发展史上的奇迹。如果中华民族在经历100多年的衰落之后，经过一百年的不懈奋斗又重新崛起，使十几亿人口基本实现现代化，那无疑又创造了人类文明发展的又一次奇迹。中华民族的伟大复兴，表明中华民族对人类作出了巨大贡献，它将使人类文明发展跨入一个新的阶段，必将为维护世界和平和促进共同发展做出新贡献。

第二节　中国共产党和中华民族伟大复兴

　　实现中华民族伟大复兴始终是中国共产党的奋斗目标。从19

世纪开始，中国逐渐从强盛走向衰落，并很快大大落后于从近代工业革命中迅速崛起的西方各国。落后就要挨打。自1840年鸦片战争开始，帝国主义列强用它们的坚船利炮一次次轰开中国的大门，使中国逐渐沦为半殖民地半封建社会，中华民族陷入遭受欺负、备受屈辱的悲惨境地。救亡图存，实现民族复兴，成为中华民族仁人志士苦苦追求的目标。诞生于20世纪20年代初，国家衰弱、民族危亡之际的中国共产党，从一开始就肩负起实现中华民族伟大复兴的庄严使命，一代又一代的中国共产党人团结和带领中国人民在艰难困苦中奋起，在艰难探索中前进，创造了人类历史上辉煌的伟大业绩。党领导人民实现中华民族伟大复兴的过程已经经历了四个阶段。

第一阶段：以毛泽东同志为核心的第一代中央领导集体，领导中国新民主主义革命取得胜利，为实现中华民族伟大复兴创造了前提。在新中国成立后，创造性地完成由新民主主义到社会主义的过渡，实现了中国历史上最伟大、最深刻的社会变革，开始在社会主义的道路上实现中华民族伟大复兴的历史征程。

第二阶段：以邓小平同志为核心的第二代中央领导集体，在十一届三中全会以后，找到建设中国特色社会主义的正确道路，赋予中华民族伟大复兴新的强大生机。在邓小平理论的指导下，我国国民经济持续快速健康发展，生产力、综合国力、人民的生活水平都上了一个大台阶，物质文明和精神文明协调发展，经济和社会全面进步，人民共享改革开放成果，实现了中华民族由站起来到富起来的历史性转变。

第三阶段：以江泽民同志为核心的第三代中央领导集体，把中国特色社会主义伟大事业全面向前推进，中华民族由富起来逐步向强起来发展。从新世纪开始，我国开始全面建设小康社会，进入现代化建设新的发展阶段。这是中华民族发展史上的一个新的里程碑，它标志着中华民族从站起来到富起来，正向着强起来的目标迈进。

第四阶段：以胡锦涛同志为总书记的第四代中央领导集体，高举邓小平理论伟大旗帜，全面贯彻"三个代表"重要思想，坚持为民、务实、清廉，以新的姿态迎接挑战。特别是进一步完善社会主义市场经济体制，提出科学发展观，表明了党在社会主义市场经济条件下，对经济社会发展规律在认识上的升华，是党执政理念的一个飞跃，具有重要的现实意义和深远的历史意义。这表明，在党中央领导集体带领下，中国人民正在实现中华民族伟大复兴的道路上阔步前进。

第三节　"三个代表"是实现中华民族伟大复兴的保证

"三个代表"站在时代发展的高度，把新世纪党的建设和民族复兴的历史使命紧紧联系在一起，为党领导人民实现中华民族的伟大复兴提供了可靠保证。

"三个代表"站在时代潮头,为民族复兴注入了生机和活力。21世纪社会生产力的发展将进入科技生产力时代。科学技术是现代生产力发展的根本动力,科学技术越来越成为生产力解放和发展的重要基础和标志。各国在发展科技方面的较量,本质上是民族兴衰存亡的斗争。以江泽民为核心的第三代领导集体按照先进生产力发展要求建设党,把发展科技和生产力作为立党之本,放在新时期党的建设的基础位置,洞察生产力发展的走向,从思想到行动,从决策到体制,各方面体现先进生产力的发展要求,使我国的社会生产力获得迅速发展。党带领人民实现民族复兴的伟大奋斗充满了新的生机和活力。

实现民族复兴不仅有新的生产力发展的要求,还有先进文化发展的要求。党所倡导的先进社会文化凝聚了中华民族的不屈精神,将人民聚集在自己的旗帜下,以特殊的精神力量战胜艰难险阻,赢得了民族的解放和发展。今天,面对科学技术的迅猛发展和综合国力的激烈竞争,面对世界范围内各种思想文化的相互激荡,面对人民群众日益增长的文化需要,"三个代表"重要思想把"代表中国先进文化的前进方向"作为党对新时代的强烈回应,给予了民族复兴新的精神力量。

"三个代表"指示未来发展,确保了民族复兴的正确方向。"三个代表"从把握中华民族复兴走向的高度,明确提出党要代表的"发展要求"、"前进方向"、"根本利益",是带有根本性、方向性、规律性的大课题。按照"三个代表"的要求,中华民族伟大复兴的航船,就能沿着正确的航向顺利到达彼岸。在社会主义初级阶段,先进生产力发展的基本要求是正确处理生产力与生产关系之间的矛盾,使生产关系适应生产力发展水平,并随着生产力发展的需要自觉调整生产关系,同时对上层建筑和文化发展也提出相应的要求。要把改革作为推进建设有中国特色社会主义事业各项工作的动力。只有通过改革,自觉地调整生产关系同生产力、经济基础同上层建筑之间不相适应的方面和环节,才能不断促进生产力的发展和各项事业的进步,实现中华民族的更大发展。

"三个代表"凝聚民族力量,揭示了民族复兴的动力之源。一个政党是否有力量,在于它是否具有存在的根据,是否真正为广大人民群众所拥护。革命年代,党之所以能够领导人民在极其艰难的战争环境里战胜强敌,夺取胜利,根本原因在于党采取的纲领、路线和政策反映了"三个代表"的要求,得到了广大人民群众的拥护和支持。建设时期,我们党之所以能够在一穷二白的基础上,用短短50多年的时间,取得经济和社会发展的巨大成就,不仅解决了十几亿人口的温饱问题,而且在总体上进入了小康社会,根本原因还是在于坚持和体现了"三个代表"。

在新世纪,党要领导人民取得建设有中国特色社会主义事业的成功，实现民族复兴，力量同样来源于"三个代表"。生产力的发展是民族进步的物质力量来源。党始终代表中国先进生产力的发展要求，致力于解放和发展生产力，为巩固和发展社会主义奠定雄厚的物质基础和坚实的社会基础。社会文化是社会发展的智力条件和精神基础。党始终代表中国先进文化的前进方向，着力推进有中国特色社会主义文化的建设，提高全民族的思想道德与教育科学水平，就会为实现我国发展战略提供强大的精神动力、文化条件和智力支持，为保持社会的长期稳定发展提供有力的思想政治保证。人民是历史的主人。党把全部工作归结于实现人民群众的根本利益，广大人民群众必定会在现代化建设中焕发出无穷的创造力，必定会在维护国家独立安全和完成祖国统一大业中显示出无比强大的凝聚力，从而实现中华民族的伟大复兴。

知识链接

"三个代表"重要思想

江泽民同志2000年2月25日在广东省考察工作时,从全面总结党的历史经验和如何适应新形势新任务的要求出发,首次对"三个代表"重要思想进行了比较全面的阐述。"三个代表"重要思想的主要内容是:中国共产党始终代表中国先进生产力的发展要求;中国共产党始终代表中国先进文化的前进方向;中国共产党始终代表中国最广大人民的根本利益。

八国联军侵华战争

八国联军侵华战争(1900—1901),近代列强参与国最多的侵华战争。列强为镇压中国人民的反抗斗争,瓜分中国,勾结在一起共同侵华。清政府甘心充当洋人的工具,签订了《辛丑条约》,中国半殖民地社会完全形成。

半殖民地半封建社会

封建社会在外来资本主义入侵下形成的一种社会经济形态。所谓半殖民地之"半",指它在政治上经济上为外来的资本主义侵略势力所操纵,但尚有名义上的政府与微小的经济力量,外国列强还未直接行使统治。所谓半封建经济之"半",指在外来侵略势力的冲击下,封建自然经济的基础开始解体,产生了发展资本主义的某些条件,近代资本主义工业开始出现,封建经济已不是唯一的经济形式。这样,就形成了半殖民地半封建社会。我国从1840年鸦片战争后到1949年就处于半殖民地半封建社会。

辩证唯物主义

辩证唯物主义,是马克思、恩格斯批判地吸取德国古典哲学——黑格尔的辩证法的"合理内核"和费尔巴哈唯物论的"基本内核",在总结自然科学、社会科学和思维科学的基础上创立的系统科学的逻辑理论思维形式,是一种以马克思和恩格斯学说来研究现实的哲学方法,是用"辩证的观点"和"唯物论的观点"解释和认识世界的理论。一般认为"辩证唯物主义"和"唯物辩证法"在本质上是一致的。

辩证唯物主义的基本观点有:1.唯物主义认为,物质是第一性的,意识是第二性的。世界的本原是物质,世界的万事万物都是物质派生出来的。2.物质世界是按照它本身所固有的规律运动、变化和发展的。规律是客观的，是不以人的主观意志为转移的。

3.辩证的唯物主义观点是相对于机械唯物主义而言的，即将辩证法与唯物主义相结合。

德国古典哲学

德国古典哲学一般是指康德、费希特、谢林、黑格尔和费尔巴哈的哲学，是代表西方近代哲学的最高阶段。它继承了由德国哲学家莱布尼茨代表的唯理主义倾向，同时又受到了苏格兰启蒙运动中著名哲学家休谟的经验主义和怀疑论的影响，此外，以莱辛、歌德为代表的启蒙运动文学也对德国古典哲学起到了相当程度的影响。（斯宾诺莎的宿命论思想有时也被认为是德国古典哲学的重要思想来源之一。）在这些思想的共同影响下，德国古典哲学家总结并探讨了一系列哲学上的重大问题，尽管他们中的多数经常被泛泛地认为是唯心主义者，但他们的主张却不是统一的。

康德是一个二元论者和不可知论者，他为了调和唯理主义和经验主义，提出了自己的批判哲学。费希特则持有一种主观唯心主义（后期也被认为倾向于客观唯心主义），谢林和黑格尔有时候被认为是客观唯心主义者，但事实上他们的意见是非常不同的。直到费尔巴哈以一种唯物主义的观点对黑格尔宏大的形而上学体系提出抨击，从而终结了德国古典哲学。

德国古典哲学具有抽象性和思辨性的特点，同时它也是马克思主义的三个理论来源之一。此外，它提出了包括认识论、本体论、伦理学、美学、法哲学、历史哲学以及政治哲学等领域的各种重大问题和范畴，标志着近代西方哲学向现代西方哲学的过渡。

邓小平理论

邓小平理论，是以邓小平同志为主要创立者、以建设有中国特色社会主义为主题的理论。邓小平理论是马克思主义与当代中国实际和时代特征相结合的新成果，是毛泽东思想的继承和发展，是当代中国的马克思主义，是马克思主义在中国发展的新阶段，是中国共产党获得的与前苏联模式不同的社会主义建设经验的理论总结，是党和人民实践经验和集体智慧的结晶，是中国共产党人建设有中国特色社会主义的行动指南。

邓小平民主与法制的理论

邓小平民主与法制的理论，是马克思主义民主与法制理论和中国社会主义民主和法制建设的具体实践相结合的产物，是依法治国、建设社会主义法制国家的理论基石和重要指导思想。民主是社会主义的本质要求，人民当家做主是社会主义民主政治的核心，是社会主义法制的依托，同时也是中国共产党始终不渝坚持的奋斗目标。在政治上发展民主并实现社会主义民主制度化、法制化，是政治体制改革的重要任务。

第二次工业革命

第二次工业革命，也称第二次科技革命，是指1870年至1914年的工业革命。其中西欧和美国以及1870年后的日本，工业得到飞速发展。第二次工业革命紧跟着18世纪末的第一次工业革命，并且从英国向西欧和北美蔓延。第二次工业革命以电力的大规模应用为代表，以电灯的发明为标志。

第二次鸦片战争

第二次鸦片战争（1856—1860），为扩大侵华权益，英法联合侵华，攻占了北京，进行野蛮的洗劫。清政府被迫再次大肆出卖国家权益，签订了《天津条约》和《北京条约》，使中国社会的半殖民地程度进一步加深了。

第二国际

第二国际，即"社会主义国际"，是一个工人运动的世界组织。1889年7月14日在巴黎召开了第一次大会，通过《劳工法案》及《五一节案》，决定以同盟罢工作为工人斗争的武器。组织后因第一次世界大战爆发而解散，其后伯尔尼国际成立并作为实体运作。第二国际所做出影响最大的动作包括宣布每年的5月1日为国际劳动节，宣布每年的3月8日为国际妇女节，并创始了八小时工作制运动。当今世界最大的政党组织"社会党国际"实际上为其延续，在二战后的1951年成立，成员均为原第二国际成员。

第一国际

第一国际，即国际工人联合会，1864年由英、法、德、意四国工人代表在伦敦开会成立，马克思代表德国工人参加该组织的工作，并逐渐用"科学社会主义"理论作为组织指导思想。由于会名太长，有时人们取它的第一个单词"International"代指，简称为"国际"，历史上即称为"第一国际"。1871年，第一国际法国支部参加并领导了巴黎公社运动。但是随着巴黎公社的失败，第一国际也日渐衰弱，1876年正式宣布解散。

俄国二月革命

俄国二月革命是1917年3月8日于俄罗斯发生的民主革命，是俄国革命的序幕。其即时结果就是沙皇尼古拉二世被迫退位，俄罗斯帝国灭亡。二月革命结束了封建专制的统治，之后出现了两个政权并立的局面，即资产阶级临时政府和苏维埃政权。后又因为临时政府的措施不当，爆发了十月革命。以列宁为首的苏维埃政权控制了局面。二月革命为俄国无产阶级反对资产阶级、争取社会主义的斗争创造了有利的条件。发生在第一次世界大战期间的二月革命的胜利，促进了欧洲各国被压迫人民和被压迫民族反对帝国主义战争、反对本国反动政府、争取民主权利和民族解放的革命运动的高涨。

封建主义

封建主义包括三个方面：一是指封建专制制度，包括政治、经济制度在内的整个社会制度；二是指意识形态；三是指以封建主义思想为指导，为建立或复辟封建专制制度而进行的活动。三者之间相互联系又相互区别，不能等同和混淆。也可以说，封建主义在经济上代表的是地方保护主义和部门主义；在政治上代表的是专制主义和宗法制度；在思想上代表的是纲常伦理、宗法意识和社会生活中的各种落后、愚昧现象、迷信思想和活动。包括制度、活动、思想三方面含义的封建主义，才能称之为完整意义上的封建主义。

个体经济

以生产资料个体所有和个体劳动为基础的经济。如小农经济、小手工业经济、个体商业等。原始社会解体时产生，存在于奴隶社会、封建社会、资本主义社会和社会主义社会，但从来没有成为独立的社会经济形态，而总是从属于占统治地位的经济。具有规模小、经营分散、经济不稳定等特点。在我国，经过社会主义改造，绝大部分个体经济已经转变为社会主义集体经济。但在社会主义国营经济和集体经济占绝对优势的前提下，在法律规定的范围内允许个体经济存在，作为社会主义公有制经济的补充。

工农联盟

工人阶级和农民在无产阶级政党领导下的革命联合。工人和农民的联盟是取得民主革命和社会主义革命的胜利，建设社会主义和实现共产主义的必要条件。人民民主专政的基础是工人阶级、农民阶级和城市小资产阶级的联盟，其中主要是工人和农民的联盟。我国的工农联盟是在中国共产党领导下，在长期的革命斗争中建立和巩固起来的，已经经历了两个阶段：第一阶段建立在土地改革的基础上；第二阶段建立在农业合作化的基础上。在四个现代化建设时期，工农联盟有了新的发展。巩固与发展工农联盟，是我国制定经济政策和社会政策的重要依据。

工业革命

工业革命，又称产业革命，是指资本主义工业化的早期历程，即资本主义生产完成了从工场手工业向机器大工业过渡的阶段。工业革命是以机器取代人力，以大规模工厂化生产取代个体工场手工生产的一场生产与科技革命。由于机器的发明及运用成为了这个时代的标志，因此，历史学家称这个时代为"机器时代"。

有人认为工业革命在1759年左右已经开始,但直到1830年,它还没有真正蓬勃地展开。大多数观点认为,工业革命发源于英格兰中部地区。1769年,英国人瓦特改良蒸汽机之后,由一系列技术革命引起了从手工劳动向动力机器生产转变的重大飞跃。随后自英格兰扩散到整个欧洲大陆,19世纪传播到北美地区。一般认为,蒸汽机、煤、铁和钢是促成工业革命技术加速发展的四项主要因素。在瓦特改良蒸汽机之前,整个生产所需动力依靠人力和畜力。伴随蒸汽机的发明和改进,工厂不再依河或溪流而建,很多以前依赖人力与手工完成的工作自蒸汽机发明后被机械化生产取代。

工业革命是一般的政治革命不可比拟的巨大变革,其影响涉及人类社会生活的各个方面,使人类社会发生了巨大的变革,对人类的现代化进程的推动起到了不可替代的作用,把人类推向了崭新的蒸汽时代。

供销合作社

供销合作社,简称供销社。由农民集资并在国家大力扶持下组织起来的集体所有的合作商业,是我国农村社会主义商业的一种形式。它的主要任务是收购和推销农副产品,组织农民开展多种经营,对农村供应农业生产资料和消费品。供销合作社一般按行政区划分,以乡建社,称为基层供销社,下设门市部和供销分店，县以上设有进行批发业务的各种专业公司。行政管理上，各县、省（自治区、直辖市）设立联合社，在中央，设中华全国供销合作总社。在统计上，供销合作社执行国家统计局和商业部联合制发的以社会商业为总体，以社会商业国内纯购进、社会商业国内纯销售、商品库存为主要内容的商品流转统计报表。

共产国际

共产国际，亦称"第三国际"，1919年3月2日至6日在列宁的领导下，在莫斯科召开了共产国际第一次代表大会。参加大会的有来自欧、亚、美洲21个国家的35个政党和团体的代表52人，通过了列宁起草的《共产国际宣言》、《共产国际行动纲领》等文件，宣告了共产国际的成立。共产国际在其存在的24年中，共召开过7次代表大会和13次执行委员会全会。共产国际在列宁领导期间，成绩比较显著。1924年1月，列宁去世后，共产国际出现了一些错误。总的来说，共产国际在宣传马克思列宁主义，团结各国无产阶级和被压迫民族，领导和推动无产阶级革命运动，促进亚非拉民族解放运动，反对帝国主义和法西斯主义，促进各国共产党的成长等方面起了重大的作用。

共产主义

共产主义是一种政治思想，主张消灭私有产权，并建立一个各尽所能、按需分配的生产资料公有制（进行集体生产）社会，而且是一个没有阶级制度、国家和政府的社会。在这一体系下，土地和资本财产为公共所有。其主张劳动的差别并不会导致占有和消费的任何不平等，并反对任何特权。在科学共产主义（马克思主义及其各流派）的理论中，它在发展上分两个阶段，初级阶段是社会主义，高级阶段是共产主义。通常所说的共产主义，指共产主义的高级阶段。

按照马克思主义理论（历史唯物主义），资本主义必将为共产主义所取代，这是不以人们的意志为转移的社会发展的历史规律。因随着工业革命后各种机械自动化生产所带来的高生产力，长期而言经济生产所需的人力将愈来愈少，在私有财产制度下绝大多数人将会失业，因此，社会若想继续和平发展就必须进入共产主义，将愈来愈少的工作量分配给各个工作的人，除了为兴趣而自愿长期工作的人之外，基本上多数人可减少许多工作时间就能维持日常生活。共产主义思想在实行上，需要人人有高度发达的集体主义精神，而这就要求社会生产力达到充分的发展和极度的发达。

共产主义社会

共产主义社会是一种社会形态，它是在生产资料公有制的条件下，在高度发达的社会生产力的基础上所实行的一种各尽其职、按需分配的劳动者自由联合的社会经济形态。

官僚资产阶级

官僚资产阶级，亦称"买办资产阶级"，一般指殖民地半殖民地国家中与政府勾结在一起的直接为帝国主义服务并为帝国主义所豢养的大资产阶级。官僚资产阶级是半殖民地半封建的旧中国的统治阶级。它适应帝国主义商品倾销、资本输出和掠夺资源的需要，凭借政权力量，出卖国家主权和民族利益，对无产阶级和劳动人民进行残酷的剥削和压迫，是帝国主义统治中国的代理人。

国家资本主义

国家资本主义是无产阶级国家能够加以限制和规定其活动范围的资本主义。在中国既是把民族资本主义经济逐步改造成为社会主义国营经济的过渡形式，又是在全民所有制经济领导下，加速社会主义四个现代化建设的补充形式。

合作社经济

劳动群众为改变生活条件或生产条件而自愿建立的一种集体经济组织。主要形式有生产合作社、供销合作社、消费合作社、信用合作社等。在生产合作社中，劳动群众自愿入股，国家帮助贷款，劳动群众共同占有生产资料，互助合作，除少量收入实行按股分红外，基本实行按劳分配。它具有组织上的群众性、管理上的民主性和经营上的灵活性等特点，可以由劳动群众自愿集资建立，适合我国现阶段社会生产力的发展。

和平赎买

这是无产阶级夺取政权后，对资产阶级的生产资料通过和平方式并采取有偿办法实行国有化的政策。马克思、恩格斯、列宁都曾提出过在一定条件下对资本家进行赎买的思想。中国共产党从中国的国情出发，确定了对私人资本主义工商业实行和平赎买的政策，即通过国家资本主义方式，逐步把资本主义企业改造成社会主义企业。1953年，中华人民共和国正式提出对资本主义工商业进行社会主义改造过程中对利润分配的规定，也是对资本主义进行和平赎买的方法。和平赎买主要适用于国家资本主义的初、中级形式。目的是通过合作，达到将私营工商业引上国家资本主义的轨道。具体做法是私营企业每年的利润采取四分法（俗称"四马分肥"），即30%左右上交，作为国家所得税；10%—30%作为企业的公积金，用于扩大再生产；职工福利资金占5%—15%，用于举办职工福利事业和奖励生产上的先进职工；剩余的25%左右作为资本家的股息红利（包括董事、监事和经理及厂长的酬劳金）。赎买政策的实行，不但减少了资产阶级对社会主义改造的阻力，而且有利于逐步把资本家改造成为自食其力的劳动者。

环境友好型社会

环境友好型社会，就是全社会都采取有利于环境保护的生产方式、生活方式、消费方式，建立人与环境良性互动的关系。建设环境友好型社会，就是要以人与自然和谐相处为目标，以环境承载力为基础，以遵循自然规律为准则，以绿色科技为动力，倡导环境文化和生态文明，构建经济社会环境协调发展的社会体系，实现可持续发展。

十六届五中全会明确提出要建设资源节约型、环境友好型社会，是以胡锦涛为总书记的党中央紧密结合中国国情，借鉴国际先进发展理念，着力解决中国经济发展与资源环境矛盾的一项重大战略决策，对于全面落实科学发展观，不断提高资源环境保障能力，实现国民经济又快又好发展具有重要意义。

机会主义

机会主义，也称投机主义，指为了达到自己的目标不择手段的做法，突出的表现是不按规则办事，视规则为腐儒之论，其最高追求是实现自己的目标，以结果来衡量一切，而不重视过程。如果它有原则的话，那么它的最高原则就是成王败寇。机会主义也可指工人运动或无产阶级政党内部出现的违背马克思主义根本原则的思潮、路线。它是资产阶级或小资产阶级思想的反映。机会主义有两种表现形式：一种是右倾机会主义，另一种是"左"

倾机会主义。

甲午中日战争

甲午中日战争（1894—1895），新兴的帝国主义国家日本为实现其"侵韩征华"的狂妄计划而发动的侵华战争。清政府被迫签订了反映列强瓜分世界、资本输出的侵略要求的《马关条约》，使中国社会半殖民地半封建化的程度大大加深了。

价值

价值，泛指客体对于主体表现出来的积极意义和有用性。可视为是能够公正且适当反映商品、服务或金钱等值的总额。在经济学中，价值是商品的一个重要性质，它代表该商品在交换中能够交换得到其他商品的多少，价值通常通过货币来衡量，称为价格。这种观点中的价值，其实是交换价值的表现。

根据新古典主义经济学（目前比较流行的一种经济学理论），物体的价值就是该物体在一个开放和竞争的交易市场中的价格，因此，价值主要取决于对于该物体的需求，而不是供给。有些经济学者经常把价值等同于价格，不论该交易市场存在竞争与否。而古典经济学则认为价值和价格并不等同。按照马克思主义政治经济学的观点，价值就是凝结在商品中无差别的人类劳动，即商品价值。马克思还将价值分为使用价值（给予商品购买者的价值）和交换价值（使用价值交换的量）。

价值规律

价值规律，亦称"价值法则"，是商品生产和商品交换的基本规律。其主要内容和客观要求是商品的价值量由生产商品的社会必要劳动时间决定，商品按照价值量相等的原则进行交换。在以货币为媒介的商品交换中，要求价格符合于价值。

价值量

商品的价值量是商品价值的大小，通常是单位价值量。商品的价值量不是由各个商品生产者所耗费的个别劳动时间决定的，而是由社会必要劳动时间决定的。商品是劳动产品，商品的价值是由劳动形成的，因而它的价值量要由生产商品所耗费的劳动时间来衡量。在其他条件不变的情况下，商品的价值量越大，价格越高；商品的价值量越小，价格越低。若其他因素不变，单位商品的价值量与生产该商品的社会劳动生产率成反比。价值决定价格，价格是价值的货币表现，价值是价格的基础。

交换价值

交换价值指的是当一种产品在进行交换时，能换取到其他产品的价值。交换价值在马克思的学说中，是物品借着一种明确的经济关系才能够产生出的价值，也就是说，经济关系乃是交换价值的背景。交换价值只有在一个产品进行交换时，特别是产品作为商品在经济关系中出售及购买时，才具有意义。交换价值的根本属性是产品的使用价值，但是交换价值在商品交易中根据双方需求会发生较大的波动。例如，1升水在平时和旱季，其使用价值是一样的，但是交换价值的变化却很大。

教条主义

教条主义是主观主义的一种表现形式，亦称本本主义。主要特点是从书本的个别定义、词句出发，不从实际出发。无产阶级革命队伍中的教条主义者，不把马克思列宁主义当作行动的指南，而是把它当作僵死的教条和不变的公式，到处生搬硬套。他们不愿做艰苦细致的调查研究工作，不肯动脑分析具体问题，反对理论和实践相结合，脱离实际，脱离群众。用这种思想方法指导工作，会给革命和建设事业带来严重危害。

阶级中的阶层

阶级中的阶层，通常指同一个阶级内，由于所处的经济地位不同而划分出的若干不同的层次。如根据生产资料的占有多寡不同，将资产阶级分为大资本家和中小资本家；旧中国是半殖民地半封建社会，资产阶级由于来源不同，依据对象不同，占有生产资料的方式不同，分为官僚资产阶级、买办资产阶级和民族资产阶级三个层次；土地改革时期，依据占有土地的多少和收入来源的不同，农民阶级曾被划分为雇农、贫农、下中农、中农、富裕中农几个层次。这些层次的划分有利于无产阶级更好地认识各阶级中的不同力量，进而采取不同的团结策略。知识分子是一个特殊的阶层，其阶级地位分属于它所服务的那个阶级。

解放思想

解放思想是指在马克思主义指导下打破习惯势力和主观偏见的束缚，研究新情况，解决新问题。解放思想就是使思想和实际相符合，使主观和客观相符合，就是实事求是。解放思想、实事求是是邓小平理论的哲学基础，它不是一个抽象空洞的哲学命题，而是以建设有中国特色社会主义和现代化建设为对象，是由实践到认识乃至理论的科学思想体系。解放思想不仅具有丰富的哲学理论性和文化思想性，更重要的是具有广泛的指导性和实践性。从实践到认识和从认识到实践的全过程，自始至终贯穿着马克思主义的立场、观点和方法。

经济危机

经济危机指的是一个或多个国家经济或整个世界经济在一段比较长的时间内不断收缩（负的经济增长率）。

科学发展观

科学发展观,是中共中央总书记胡锦涛在2003年7月28日的讲话中提出的"坚持以人为本,树立全面、协调、可持续的发展观,促进经济社会和人的全面发展",按照"统筹城乡发展、统筹区域发展、统筹经济社会发展、统筹人与自然和谐发展、统筹国内发展和对外开放"的要求推进各项事业的改革和发展的一种方法论,也是中国共产党的重大战略思想。在中国共产党第十七次全国代表大会上写入党章,成为中国共产党的指导思想之一。

科学社会主义

科学社会主义是与空想社会主义相对而言的、关于社会主义的科学的理论体系、理论模型与实践模式。科学社会主义是人类一切文明成果的结晶。马克思、恩格斯运用辩证唯物主义的逻辑思维形式,在批判历代空想社会主义的基础上,以历史唯物主义的观点揭示和发现了人类社会发展的规律及当代资本主义经济运动的规律——剩余价值规律。马克思的这两个规律的发现使社会主义从空想变成了科学。科学社会主义是关于无产阶级解放斗争发展规律的科学,是一门政治科学,或者说是一门政治学。

空想社会主义

空想社会主义又称乌托邦社会主义,是产生于资本主义生产状况和阶级状况尚未成熟时期的一种社会主义学说,是现代社会主义思想来源之一。空想社会主义者相信在不久的将来可以建立理想的意识形态社会,并为之不懈努力奋斗。这种学说最早见于16世纪托马斯·莫尔的《乌托邦》一书,盛行于19世纪初期的西欧。空想社会主义者认为社会主义的理想社会应该建筑在人类的理性和正义的基础上,而这种社会至今还未出现,是由于人们不认识和不承认的缘故。他们觉得只要有天才掌握了这种思想,并推广开去,就能实现他们心中的理想社会。空想社会主义者反对资本主义,并认为资本主义的剥削制度是由于人类在道德和法律上犯了错误,背弃了人类的本性而产生的。

劳动对象

劳动对象指劳动本身所对应的客体,比如耕作的土地、纺织的棉花等。包括两大类:一是自然界的物质,即未经人类加工过的自然物,如矿藏;一是人类劳动加工过的,用作原材料的产品,如棉花、钢铁等。

劳动力

劳动力,即人的劳动能力,指蕴藏在人体中的脑力和体力的总和。物质资料生产过程是劳动力作用于生产资料的过程。离开劳动力,生产资料本身是不可能创造任何东西的。但是,在物质资料生产过程中，劳动力发挥作用，除了必须具备一定的生产经验和劳动技能或科学文化知识外，还必须具备一定量的生产资料，否则，物质资料生产过程也是不能进行的。劳动者在生产过程中运用自己的劳动力和生产工具，作用于劳动对象，既可以创造出物质财富，也可以不断提高自己的劳动技能。

历史唯物主义

历史唯物主义是马克思主义哲学的重要组成部分，也被称为"唯物主义历史理论"或"唯物史观"。历史唯物主义为马克思和恩格斯所创立，以黑格尔的辩证法，结合费尔巴哈的唯物论，去解释人类历史演变的过程，并被列宁、毛泽东等人所发展，被认为是马克思主义的社会历史观和认识、改造社会的一般方法论。因其主要关注的是对历史规律的阐明，因而历史唯物主义可以归入历史哲学，具体地说是一种思辨的历史哲学。

历史唯物主义认为历史发展是客观的和有其特定规律的，其最基本的规律就是生产力决定生产关系，生产关系对生产力有反作用（可能促进或阻碍）。伴随着生产力的发展，人类社会会历经原始社会、奴隶社会、封建社会、资本主义社会、社会主义社会，最终走向共产主义社会。

马克思列宁主义

马克思列宁主义是马克思主义和列宁主义的统称。马克思主义是对马克思和恩格斯的观点和学说的总体称谓,是无产阶级及其政党的十分严整而彻底的世界观,是无产阶级开展解放运动的理论指导,是无产阶级根本利益的科学表现。列宁主义是帝国主义和无产阶级革命时代的马克思主义,是由列宁和他的战友在参加和领导俄国和国际工人运动的实践活动中,在同第二国际机会主义作斗争中,总结无产阶级新的历史经验和科学发展的新成果而形成的。它使无产阶级专政成为现实,使社会主义从科学的理论变成现实的社会制度。

马克思主义

马克思主义是马克思、恩格斯在19世纪工人运动实践基础上创立的理论体系。马克思主义主要以唯物主义角度编写而成。马克思主义理论体系包括三部分,即马克思主义哲学、马克思主义政治经济学、科学社会主义,分别是马克思、恩格斯受德国古典哲学、英国古典政治经济学、法国空想社会主义影响,并在此基础上创立的。马克思主义作为内涵丰富、外延无限的一整套严密的思想体系,我们可以从不同方面对其进行不同的定义。马克思主义从它的创造者、继承人的认识成果上讲,可以定义为:马克思主义是马克思、恩格斯创建的马克思主义者不断加以丰富发展的观点和学说的体系；从它的阶级属性讲，可以定义为：马克思主义是关于无产阶级和人类解放的科学，尤其是关于无产阶级斗争的性质、目的和条件的学说；从它的研究对象讲，可以定义为：马克思主义是一个内容极其丰富的、宏伟的、科学的理论体系，是关于自然、社会和思维发展普遍规律的学说，特别是关于资本主义发展和转变为社会主义，以及社会主义和共产主义发展普遍规律的学说。

马克思主义哲学

马克思主义哲学是关于自然、社会和思维发展的一般规律的科学，是唯物论和辩证法的统一，是唯物论自然观和历史观的统一。它是在继承和发展了德国的古典哲学，英国的古典政治经济学，英国、法国的空想社会主义下形成的马克思主义的三个组成部分之一。马克思主义哲学的主要理论来源是辩证法和唯物论，辩证唯物主义和历史唯物主义是马克思主义哲学的两大组成部分，实践概念是它的基础。

马克思主义政治经济学

马克思主义政治经济学，是马克思主义的重要组成部分。它既是我们从理论高度认识和研究资本主义的经济科学，也是我们进行社会主义经济建设和改革开放的理论指导。马克思主义政治经济学,首先包括马克思创建的政治经济学的基本原理和方法,也包括后来由列宁、毛泽东、邓小平和党中央发展了的经济思想与理论,还包括经济学界以马克思主义为指导研究当代资本主义和社会主义所取得的有关成果。马克思主义政治经济学的基本观点主要包括在马克思的重要著作《资本论》中,在《资本论》中,马克思研究了资本主义经济学的理论和英国历年的经济统计资料,对资本主义经济学理论进行了分析和批判。

毛泽东思想

毛泽东思想是马克思列宁主义普遍原理和中国革命具体实践相结合的产物。它是以毛泽东同志为主要代表的中国共产党人运用马克思主义的立场、观点和方法,把中国长期革命和建设实践中的一系列独创性经验作了理论概括而形成的适合中国情况的科学的指导思想。它是马克思列宁主义在中国的运用和发展,是被实践证明了的适合中国革命和建设的正确的理论原则和经验总结,是中国共产党集体智慧的结晶。

孟什维克

孟什维克(俄文音译,意为少数派)是俄国社会民主工党中的一个派别。孟什维克由马尔托夫领导,主张信任群众行动的自发性,涵盖所有无产阶级民众的所有行动。1903年召开俄国社会民主工党第二次代表大会期间,以列宁为首的马克思主义者同马尔托夫等人在制定党章时发生尖锐分歧。大会在选举中央领导机关成员时,拥护列宁的人得多数票,称布尔什维克(意为多数派),马尔托夫等得少数票,称孟什维克。会后,孟什维克发展成为俄国社会民主工党内主要的右倾机会主义派别,其观点称为孟什维主义。

民族资产阶级

民族资产阶级是中国共产党在其阶级斗争的理论中创造出来的一个概念,指的是半殖民地半封建社会下,自身的经济发展与外国资本主义没有太多联系,资本相对于官僚资产阶级或买办资产阶级势力较弱的一类资产阶级团体。中华人民共和国国旗的其中一颗小星就代表着"民族资产阶级"。

南昌起义

1927年4月和7月,国民党蒋介石集团和汪精卫集团,先后在上海和武汉发动反革命政变,国共合作的大革命遭到失败。为挽救中国革命,中共中央决定举行武装起义。8月1日,周恩来、贺龙、叶挺、朱德、刘伯承等领导国民革命军2万余人在南昌起义,汪精卫急令张发奎、朱培德等部向南昌进攻。8月3日起,起义军分批撤出南昌,向广东进发,沿途多次打破国民党军的阻截,于9月下旬到达广东潮州、汕头。10月初,起义军进攻汤坑失利,部队大部分被打散。剩余部队一部分加入海陆丰地区的革命军队，一部分在朱德、陈毅率领下，转战闽粤赣湘边，最后保存下来的起义军约800人，参加了湘南起义，并于1928年4月到达井冈山革命根据地，同毛泽东领导的湘赣边界秋收起义部队会合。南昌起义打响了武装反抗国民党反动派的第一枪，标志着中国共产党独立地创造革命军队和领导革命战争的开始，8月1日也成了中国人民解放军的建军节。

农业生产合作社

农业生产合作社，亦称"农业合作社"，简称"农业社"，是新中国农民为共同发展农业生产，自愿联合组成的社会主义集体经济组织。我国的农业生产合作社，一般是在农业合作化运动中，以带有社会主义萌芽性质的农业生产互助组为基础而建立起来的。按照集体化程度的不同，可分为半社会主义性质的初级农业生产合作社和完全社会主义性质的高级农业生产合作社两种形式。

人民代表大会制度

人民代表大会制度，简称人大或人代会，是中华人民共和国的根本政治制度，是代表中国人民行使国家权力的国家机关，是中国人民民主专政政权的组织形式，是社会主义上层建筑的重要组成部分。人民代表大会制度是在中国共产党领导下，中国人民在长期革命斗争中创造和发展起来的。它既借鉴了巴黎公社"议行合一"的原则和苏维埃政权建设的经验,又是对革命根据地政权建设工作的经验总结。

人民民主专政

人民民主专政是在《中华人民共和国宪法》中使用的一个概念,由毛泽东提出,毛泽东说,"人民民主专政"即"人民民主独裁"。毛泽东对此的解释是:"剥夺反动派的发言权,只让人民有发言权。"在这个概念当中,"专政"没有被当作贬义词使用,中国共产党视之为适合中国特殊国情的政治架构形式。这是因为中国共产党和中华人民共和国始终代表最广大人民的根本利益,可以使用专制的方法来对待敌对势力以维持人民民主政权。中国共产党领导的人民民主政权在人民内部实行民主,逐步扩大社会主义民主,发展社会主义民主政治;对境内外敌对势力和犯罪分子实行专政。

人民群众

人民群众是共产党及马克思主义论述中常使用的基本概念,主要指阶级社会中从事生产的劳动群众和劳动知识分子的主体性角色。然而,人民群众是个具体的、历史的概念。它的具体性在于有质和量的规定性。从质的规定性上看,是指对历史发展起推动作用的一切人,但在不同的历史时期,其表现不同。人民群众概念所包含的内容和范围，是由革命的对象和任务所决定的，在社会发展的不同历史时期，随着革命对象和任务的变化而具有不同的内容，所以又说它是一个历史的概念。例如，在我国抗日战争时期，民族矛盾上升为主要矛盾，革命的对象和任务是把日本帝国主义赶出中国去。这时，一切抗日的阶级、阶层和社会集团都属于人民的范畴；汉奸、亲日派则是人民的敌人。在解放战争时期，美帝国主义和它的走狗即官僚资产阶级、地主阶级以及代表这些阶级的国民党反动派，都是人民的敌人；而一切反对这些敌人的阶级、阶层和社会集团，都属于人民。从量的规定性上看，人民群众是指一个社会的基本群众，是多数。不管历史情况发生怎样的变化，人民群众的主体和稳定部分，始终是从事物质资料生产的劳动群众和不剥削他人的脑力劳动者。

日本侵华战争

日本侵华战争（1931—1945），是近代持续时间最长的侵华战争，是20世纪上半叶日本发动的第二次侵华战争，给中国人民带来了沉重的灾难。而为了抵抗日本的侵略，国共两党合作抗日，取得了近百年来中国人民第一次反帝斗争的完全胜利。

三湾改编

1927年湘赣边界秋收起义后，毛泽东率起义部队到达江西永新县三湾村。毛泽东在三湾村主持召开前委会议并对部队进行整编,由于部队减员较多,剩下的不满千人,因此把原来一个师缩编为一个团,称工农革命军第一军第一师第一团,在军队中建立党的各级组织,营团建党委,连设支部,连以上各级均设党代表,班设党小组,全军由毛泽东任书记的前委领导。这次改编还确立了军队内的民主制度。三湾改编在人民军队的建军史上具有重要意义,确立了党对军队的绝对领导,保证了军队的无产阶级性质。三湾改编所确立的"党指挥枪"的原则,从政治和组织上奠定了新型人民军队的基础。

社会必要劳动时间

　　社会必要劳动时间是与"个别劳动时间"相对而言的,指在现有的社会正常的生产条件下,在社会平均的劳动熟练程度和劳动强度下制造某种使用价值所需要的劳动时间。这里的"现有的社会正常的生产条件"是指现时某生产部门的平均生产条件,或大多数商品生产者所具有的生产条件,其中最主要是劳动工具的状况;这里的"平均的劳动熟练程度和劳动强度"是指中等水平或部门的平均劳动熟练程度和劳动强度。如生产一件上衣,各个商品生产者由于设备、技术熟练程度等差别,个别劳动时间从2小时到4小时不等,但一般用3小时的劳动就能生产出来,这3小时就是生产上衣的社会必要劳动时间,它随社会劳动生产率的提高而减少。另外,马克思在分析社会生产各部门之间按比例分配社会总劳动的必要性时,提出另一个意义上的社会必要劳动时间,是指满足社会对某种产品的需要而必须分配到某一部门去的那部分社会劳动时间,如社会需要10万双鞋,每双鞋需平均耗费社会劳动时间1小时,则生产鞋所需的社会必要劳动时间为10万小时。

社会主义

社会主义是一套经济体系和政治理论,主张或提倡公共或以整个社会作为整体,来拥有和控制生产资料(产品、资本、土地、资产等),其管理和分配基于公众利益。其提倡由集体或政府拥有与管理生产工具,分配物资。社会主义分为了诸多流派,从建立合作经济管理结构到废除等级制度以至于自由联合。作为一项政治运动,社会主义的政治哲学主张从改良主义到革命社会主义均有分布。如国家社会主义主张通过推动生产、分配和交换全方位的国有化来实现社会主义;自由社会主义倡导工人传统地控制生产方式,反对国家权力来进行管理;民主社会主义则通过民主化进程来寻求建立社会主义。

现代社会主义理论始于18世纪知识分子与工人阶级发起的批评工业化与私有财产对社会影响的政治运动。早期的空想社会主义者,诸如罗伯特·欧文曾试图建立一个自给自足并脱离资本主义社会的公社;而圣西门则创造了名词socialisme,提倡技术官僚与计划工业的应用。马克思和恩格斯共同设计创造了一个理想的社会制度，通过除去导致不合格与周期性生产过剩的无政府主义和资本主义生产，来允许广泛应用现代科技，从而将经济活动合理化。在19世纪初期，社会主义还只是表明关注社会问题；到了19世纪末期，社会主义已经成为了建立基于社会共有的新体制的推动力，并站到了资本主义的对立面。

社会主义工业化

社会主义工业化就是原来经济比较落后的社会主义国家建立强大的现代工业，变落后的农业国为先进的工业国的过程。在我国，实现社会主义工业化，要求建成一个基本上完整的工业体系，使工业生产在社会生产中占主要地位，只有实现社会主义工业化，才能以先进的技术装备农业和国民经济各部门，迅速发展社会生产力，巩固和发展社会主义生产关系，建立独立的国民经济体系和强大的国防，壮大工人阶级力量，巩固工农联盟，加强人民民主专政。

社会主义和谐社会

社会主义和谐社会是人类孜孜以求的一种美好社会，是马克思主义政党不懈追求的一种社会理想。中外历史上都产生过不少有关和谐社会的思想。进入21世纪后，中共十六大和十六届三中全会、四中全会，从全面建设小康社会、开创中国特色社会主义事业新局面的全局出发，明确提出构建社会主义和谐社会的战略任务，并将其作为加强党的执政能力建设的重要内容。中共十六大报告第一次将"社会更加和谐"作为重要目标提出。中共十六届四中全会，进一步提出构建社会主义和谐社会的任务。根据马克思主义基本原理和中国社会主义建设的实践经验，根据新世纪新阶段中国经济社会发展的新要求和中国社会出现的新趋势、新特点，我们所要建设的社会主义和谐社会，应该是民主法治、公平正义、诚信友爱、充满活力、安定有序、人与自然和谐相处的社会。

社会主义核心价值体系

社会主义核心价值体系，其基本内容包括马克思主义指导思想、中国特色社会主义共同理想、以爱国主义为核心的民族精神和以改革创新为核心的时代精神、社会主义荣辱观。

社会主义精神文明

社会主义精神文明是中国共产党在新时期提出的一个马克思主义的新概念。邓小平同志高度重视精神文明建设，并把精神文明建设看作社会主义社会的重要特征之一。以邓小平同志为代表的当代中国共产党人，在改革开放和现代化建设过程中，创建了社会主义精神建设理论。这一理论集中体现在邓小平同志的一系列重要论述和党中央的一系列重要文献中，党的十二届六中全会上通过的《中共中央关于社会主义精神文明建设指导方针的决议》体现得尤其明显。

社会主义社会

社会主义社会，是一种社会形态，指用马克思主义理论指导，重视社会福利，采用财产公有制的，通常是共产主义政党专政、工人阶级领导的社会。按照马克思主义理论，社会主义社会是资本主义社会向共产主义社会的过渡性社会形态。

社会主义文化

社会主义文化是以科学发展为主题，以建设社会主义核心价值体系为根本任务，以满足人民精神文化需求为出发点和落脚点，以改革创新为动力，发展面向现代化、面向世界、面向未来的，民族的科学的大众的社会主义文化。

生产关系

生产关系是指在物质生产过程中形成的人们之间的社会关系，它集中体现了人们之间的物质利益关系。生产关系的内容包括人们在一定的生产资料所有制基础上形成的、在社会生产总过程中发生的生产、分配、交换和消费的关系。

生产力

　　生产力，又称"社会生产力"，是人们征服自然、改造自然、获得物质资料的能力。生产力和生产关系是社会生产不可分割的两个方面。生产力包括劳动者、劳动资料和劳动对象三大要素。

生产资料

　　生产资料，也称作生产手段，是马克思主义理论家认定的生产力三要素之一。生产资料主要指劳动者进行生产时所需要使用的资源和工具。一般包括土地、厂房、机器设备、工具、原料，等等。生产资料是生产过程中的劳动资料和劳动对象的总和，它是任何社会进行物质生产所必备的物质条件。

剩余价值

　　根据马克思主义理论，剩余价值是指从劳动者的劳动价值中剥削出来的利润（劳动价值和工资之间的差异），即"劳动者创造的被资产阶级无偿占有的劳动"。剩余价值概念是马克思主义政治经济学的核心概念，马克思主义政治经济学认为资本主义生产的实质就是剩余价值的生产，剩余价值规律是资本主义的基本经济规律，它决定着资本主义的一切主要方面和矛盾发展的全部过程，决定着资本主义生产的高涨和危机，决定着资本主义的发展和灭亡。

十月革命

　　十月革命（又称布尔什维克革命、俄国共产革命等），是1917年俄国革命经历了二月革命后的第二个阶段。十月革命发生于1917年11月7日（俄历10月25日）。前苏联、中国等社会主义国家及组织普遍认为，十月革命是经列宁和托洛茨基领导下的布尔什维克领导的武装起义，建立了人类历史上第二个无产阶级政权（第一个是巴黎公社无产阶级政权）和由马克思主义政党领导的第一个社会主义国家——苏维埃俄国。革命推翻了以克伦斯基为领导的资产阶级俄国临时政府，为1918年—1920年俄国内战和1922年苏联成立奠定了基础。

实事求是

　　实事求是出自《汉书·河间献王刘德传》的"修学好古，实事求是"一句。毛泽东在《改造我们的学习》一文中，对这一古语作了新的解释，他说："'实事'就是客观存在着的一切事物，'是'就是客观事物的内部联系，即规律性，'求'就是我们去研究。我们要从国内外、省内外、县内外、区内外的实际情况出发，从其中引出其固有的而不是臆造的规律性，即找出周围事物的内部联系，作为我们行动的向导。而要这样做，就须不凭主观想象，不凭一时的热情，不凭死的书本，而凭客观存在的事实，详细地占有材料，在马克思列宁主义一般原理的指导下，从这些材料中引出正确的结论。"

世界观

世界观，也叫宇宙观，是哲学的朴素形态。世界观是人们对整个世界的总的看法和根本观点。由于人们的社会地位不同，观察问题的角度也不同，因而形成不同的世界观。哲学是世界观的理论表现形式。世界观的基本问题是精神和物质、思维和存在的关系问题，根据对这两者关系的不同回答，划分为两种根本对立的世界观基本类型，即唯心主义世界观和唯物主义世界观。

私有制

私有制，也叫所有制，是相对于公有制的经济制度，是在这种制度下进行的生产资料个人或集体的排他性占有。私有制是剥削社会（以奴隶社会、封建社会、资本主义、特权主义和专制社会为代表）的基本标志之一。

思想路线

思想路线就是认识问题、解决问题所遵循的方向、道路及基本方法。党的思想路线是指导政党实践活动的思维方式和原则。一定的思想路线是以一定的世界观和方法论为理论依据的。

四个现代化

四个现代化,即工业现代化、农业现代化、国防现代化、科学技术现代化。1954年召开的第一届全国人民代表大会,第一次明确地提出要实现工业、农业、交通运输业和国防的四个现代化的任务,1956年又一次把这一任务列入党的八大所通过的党章中。1964年12月第三届全国人民代表大会第一次会议上,中华人民共和国国务院总理周恩来根据中国共产党中央委员会主席毛泽东的建议,在代表中华人民共和国国务院向第三届全国人民代表大会所作的《政府工作报告》中首次提出,在20世纪内,把中国建设成为一个具有现代农业、现代工业、现代国防和现代科学技术的社会主义强国,并宣布了实现"四个现代化"目标的"两步走"设想。

四人帮

四人帮指王洪文、张春桥、江青、姚文元四人在文化大革命期间所结成的帮派。"四人帮"这一称谓最先由毛泽东于1974年1月初在对江青等人借"批林批孔"之机把矛头指向周恩来的批评中提出。"四人帮"成员早期是中央文革小组的重要成员,后全部进入中央政治局,并担任极其重要的职位。

统筹兼顾

统筹兼顾,就是要求我们在工作中要做到总揽全局、协调各方、统筹谋划、兼顾全面,充分调动一切积极因素,妥善处理各种利益关系,着力加强经济社会发展的薄弱环节。

万隆会议

万隆会议,又称第一次亚非会议,召开于1955年4月18日—4月24日,是部分亚洲和非洲的第三世界国家在印度尼西亚万隆召开的国际会议,也是亚非国家第一次在没有殖民国家参加的情况下讨论亚非事务的大型国际会议。万隆会议的主要目的是促进亚非国家之间的经济文化交流,并共同抵制美国与苏联的殖民主义和新殖民主义活动。以周恩来总理为首的中国代表团,坚持"求同存异"的方针,开展了卓有成效的工作,推动会议在和平共处五项原则基础上达成了"万隆十项原则",作出了历史性贡献。

唯物主义

唯物主义即唯物论,是一种哲学理论,肯定世界的基本组成为物质,物质形式与过程是我们认识世界的主要途径,持着"只有事实上的物质才是真实存在的实体"这一种观点,并且被认为是物理主义的一种形式。该理论的基础是,所有的实体(和概念)都是物质的一种构成或者表达,并且,所有的现象(包括意识)都是物质相互作用的结果,在意识与物质之间,物质决定了意识,而意识则是客观世界在人脑中的生理反应,也就是有机物出于对物质的反应。因此，物质是唯一事实上存在的实体。作为对现实世界的一种解释，唯物主义是唯心主义和心灵主义的一个对立面。

唯物主义有机械唯物主义和辩证唯物主义的区别，机械唯物主义认为物质世界是由各个个体组成的，如同各种机械零件组成一个大机器，不会变化；辩证唯物主义认为物质世界永远处于运动与变化之中，是互相影响、互相关联的。机械唯物论的代表人物是费尔巴哈，辩证唯物论的代表人物是马克思、恩格斯和列宁。

唯心主义

唯心主义即唯心论，又译作理念论、观念论，是哲学中对思想、心灵、语言及事物等彼此之间关系的讨论及看法。唯心论秉持世界或现实如同精神或意识，都是根本的存在。唯心论直接相对于唯物论，后者认为世界的基本成分为物质，我们对世界的认识主要是通过物质，并将其视为一种物质形式与过程。唯心论同时也反对现实主义的哲学观，后者认为在人类的认知中，我们对物体的理解与感知，与物体独立于我们心灵之外的实际存在是一致的。

马克思主义哲学则认为唯心论是哲学上的两大基本派别之一，是与唯物论对立的理论体系。唯心论在哲学基本问题上主张精神、意识的第一性，物质的第二性，也就是说，唯心论主张物质依赖意识而存在，物质是意识的产物的哲学派别，并认为可以区分为主观唯心论和客观唯心论两种基本类型。

文化大革命

无产阶级文化大革命，通称文化大革命，简称文革，是中华人民共和国始于1966年的一场重大政治运动，被广泛认为是自1949年建国至今最动荡不安的灾难性阶段，常被冠以"十年动乱"、"十年浩劫"、"文化浩劫"。

文革的指导思想来源于斯大林在《联共(布)党史简明教程》中讲到同布哈林右倾机会主义分子作斗争时，引证了列宁1919年说过的一段话："消灭阶级要经过长期的、艰难的、顽强的阶级斗争。在推翻资产阶级政权以后，在破坏资产阶级国家以后，在建立无产阶级专政以后，阶级斗争并不是消失，而只是改变它的形式，在许多方面变得更加残酷。"毛泽东认为苏联的党和国家的领导被以赫鲁晓夫为首的修正主义者篡夺了。据此毛泽东提出的所谓"四个存在"理论，即"社会主义社会是一个相当长的历史阶段，在这个历史阶段中，始终存在着阶级、阶级矛盾和阶级斗争，存在着社会主义同资本主义两条道路的斗争，存在着资本主义复辟的危险性，存在着帝国主义和社会帝国主义进行颠覆和侵略的威胁。"在此基础上，毛泽东发展出在"无产阶级专政下继续革命的理论"。

文革自1966年5月16日开始,结束于1976年10月四人帮被粉碎。在1977年中共十一大上,中共中央主席华国锋正式宣布"文化大革命"结束。

文化大革命的指导思想和活动性质均在中国共产党第十一届六中全会于1981年6月27日一致通过的《关于建国以来党的若干历史问题的决议》中被正式否定,决议认为毛泽东应负上主要责任。该决议的正式表述是:"'文化大革命'是一场由领导者错误发动,被反革命集团利用,给党、国家和各族人民带来严重灾难的内乱。"

无产阶级

根据马克思主义理论,无产阶级一词指不拥有生产资本,单纯靠出卖劳动力获取收入的劳动者。马克思主义理论把无产阶级划分为普通无产阶级和下层无产阶级。在实际使用的含义中,近似地等同于近代以来出现的,主要受雇于资本家,依靠雇佣工资生活的工人群体。在马克思的理论中,无产阶级是被资产阶级通过剥削其生产价值和工资之间的差异(剩余价值)以获得利润的对象,因此,其大多在生存水平线上挣扎,教育相对落后(除非有极佳的社会福利),直到难以生存时,便容易铤而走险,当人数够多时,便会起身革命,尝试推翻现有政府及资本家。在社会主义社会,工人阶级已摆脱了被剥削、被压迫的地位,成为掌握国家政权的领导阶级。

五四运动

五四运动发生于1919年5月4日,是一场发生于中国北京、以青年学生为主的学生运动,以及包括广大群众、市民、工商界人士等中下阶层广泛参与的一次示威游行、请愿、罢课、罢工、暴力对抗政府等多形式的爱国运动。事件起因在第一次世界大战完结后举行的巴黎和会中,列强肆意践踏中国主权,把德国在山东的权益转让给日本,即山东问题。当时北洋政府未能捍卫国家利益,在列强面前显得软弱,国人异常不满,从而上街游行表达不满。以学生斗争为先导的五四爱国运动由此爆发,运动迅速波及全国。6月3日起,运动的主力由学生转变为工人阶级,中国工人阶级开始以独立的姿态登上政治舞台,各地工人纷纷举行罢工抗议活动。五四运动是中国革命史上具有划时代意义的事件,标志着中国新民主主义革命的开端。

广义的五四运动则是指自1915年中日签订《二十一条》至1926年北伐战争之间,中国知识界和青年学生反思中国传统文化,追随"德先生"(民主)与"赛先生"(科学),探索强国之路的新文化运动的继续和发展。1924年4月19日,中国共产党中央局委员长陈独秀、秘书毛泽东联名发出通告,第一次要求各地党和团的组织开展"五一"、"五四"、"五五"、"五七"纪念和宣传活动，强调恢复国权运动、新文化运动，纪念五五（马克思诞辰），目的在于传播马克思主义。1939年八路军总政治部、中央青委发出《关于部队纪念"五四"青年节工作的指示》，明确指出中央青委决定每年5月4日为中国青年节。

五位一体

"五位一体"是十八大报告的"新提法"之一。经济建设、政治建设、文化建设、社会建设、生态文明建设——着眼于全面建成小康社会、实现社会主义现代化和中华民族伟大复兴，党的十八大报告对推进中国特色社会主义事业作出"五位一体"总体布局。

小资产阶级

小资产阶级，指占有一定的生产资料或有少量财产的私有者，一般指不受他人剥削，也不剥削别人（或仅有轻微剥削），主要靠自己劳动为生的个体劳动者阶级。它在资本主义社会里是非基本的阶级，亦称为中间等级，主要包括农民、小手工业者、小商人、小业主等。作为劳动者，在思想上倾向于无产阶级；作为私有者，又倾向于资产阶级，极易受资产阶级思想的影响。因此，在反对封建主义的斗争中既具有革命性，同时也存在政治上的动摇性、斗争中的软弱性和革命的不彻底性。随着资本主义的发展，他们不断地向两极分化，大部分破产沦落为无产阶级或半无产阶级，小部分发财上升为资产阶级。

新民主主义

新民主主义，是中共领导人毛泽东提出的关于殖民地半殖民地国家的无产阶级领导民主革命的理论，曾经是毛泽东思想的核心内容。毛泽东当时认为在实行共产主义之前，必须先经过新民主主义这一过渡性的阶段，这一理论在毛泽东的《新民主主义论》（1940年1月9日陕甘宁边区）一文中有充分论述。《新民主主义论》的发表，不仅标志着毛泽东创立了完整的新民主主义革命理论，而且创立了全新的新民主主义社会理论。2月20日毛泽东在延安各界宪政促进会成立大会上的《新民主主义的宪政》中否定"由一党一派一阶级来专政"。后来，他在《论联合政府》、《论人民民主专政》等著作中又做了进一步阐述和发挥，使其更加系统和完整。然而，1953年毛泽东执政后却猛烈批判"确立新民主主义社会秩序"，明确放弃新民主主义。

形而上（学）

形而上出自《易经·系辞》，原文为"形而上者谓之道，形而下者谓之器"。用现代的思维讲，形而下就是指具体的器物（可以拓展到感性的事物），形而上就是指比较抽象的规律（包含做人做事的原则）。形而上是精神方面的宏观范畴，用抽象（理性）思维，形而上者道理，起于学，行于理，止于道，故有形而上者谓之道；形而下是物质方面的微观范畴，用具体（感性）思维，形而下者器物，起于教，行于法，止于术，故有形而下者谓之器。

形而上学（metaphysics，意为"物理学之后"）是哲学术语，哲学史上指哲学中探究宇宙根本原理的部分。马克思认为形而上学是指与辩证法对立的，用孤立、静止、片面的观点观察世界的思维方式。黑格尔把形而上学作为与辩证法相对立的一种机械教条的研究方法来批判，因此，形而上学也可以被表述成为教条主义。

鸦片战争

鸦片战争（1840—1842），英国为了把中国变为其殖民地而发动的侵华战争，清政府被迫签订了《南京条约》及其附件《黄埔条约》、《望厦条约》等中国近代第一批不平等条约，使中国历史发生了巨变，中国开始进入半殖民地半封建社会。

以人为本

以人为本是科学发展观的核心，回答了为谁发展、靠谁发展的问题，指明了我国经济社会发展的价值取向和依靠力量。我们提出以人为本的根本含义，就是坚持全心全意为人民服务，立党为公、执政为民，始终把最广大人民的根本利益作为党和国家工作的根本出发点和落脚点，坚持尊重社会发展规律与尊重人民历史主体地位的一致性，坚持为崇高理想奋斗与为最广大人民谋利益的一致性，坚持完成党的各项工作与实现人民利益的一致性，坚持保障人民利益与促进人的全面发展的一致性，坚持发展为了人民、发展依靠人民、发展成果由人民共享。

中法战争

中法战争（1883—1885），法国以越南为跳板发动的对华侵略战争。由于清政府的腐败，在法国的逼迫下签订了《中法新约》，法国由此打开了中国西南的门户。

中国共产党全国代表大会

中国共产党全国代表大会是中国共产党的最高领导机关，在党内拥有最高决策权。《中国共产党章程》规定，每五年举行一次，由中央委员会负责筹办。中央委员会认为有必要，或者三分之一以上的省一级组织提出要求，全国代表大会可以提前举行，如无非常情况，不得延期举行。其职权是听取和审查中央委员会的报告；听取和审查中央纪律检查委员会的报告；讨论和决定党的重大问题；修改党章；选举中央委员会；选举中央纪律检查委员会。大会闭会期间，中央委员会执行全国代表大会的决议，领导党的全部工作，对外代表中国共产党。

中国特色社会主义共同理想

中国特色社会主义共同理想是社会主义核心价值体系的基本内容的一部分。即坚定对中国共产党的信任，坚定走中国特色社会主义道路，坚定实现中华民族的伟大复兴。

资本主义

资本主义，也被称为自由市场经济或自由企业经济，其特色是个人或是企业拥有资本财产，且投资活动是由个人决策左右，而非由国家所控制，一般并没有准确之定义，不同的经济学家也对资本主义有不同的定义。一般而言，资本主义指的是一种经济学或经济社会学的制度，在这样的制度下绝大部分的生产资料都归私人所有，并借着雇佣或劳动的手段以生产资料创造利润。在这种制度里，商品和服务借由货币在自由市场里流通。投资的决定由私人进行，生产和销售主要由公司和工商业控制并互相竞争，依照各自的利益采取行动。

资产阶级

资产阶级是指占有社会生产资料并使用雇佣劳动的现代资本家阶级，其本质是以生产资料为手段无偿占有雇佣工人的劳动，是现代社会中的主要剥削阶级。

资源节约型社会

资源节约型社会是指在生产、流通、消费等领域，通过采取法律、经济和行政等综合性措施，提高资源利用效率，以最少的资源消耗获得最大的经济和社会收益，保障经济社会可持续发展。

自然经济

自然经济，也叫小农经济，是商品经济的对立面，是私有制经济的一种表现，是存在于市场范围比较小的一种经济形态，是社会生产力水平低下和社会分工不发达的产物。该种经济形态占统治地位的持续时间涵盖原始社会、封建社会以及早期的资本主义社会与半殖民地半封建社会。

宗派主义

宗派主义是指党内存在的一种以宗派利益为出发点的思想和行为，是封建宗派思想、资产阶级、小资产阶级思想在组织上的表现。主要表现为：在个人与党的关系上，把个人放在第一位，把党放在第二位，向党闹独立性；在组织上，任人唯亲，在同志中拉拉扯扯，把资产阶级的庸俗作风搬进党里来；在党内关系上，只强调局部利益，只要民主，不要集中，不遵守个人服从组织、少数服从多数、下级服从上级、全党服从中央的民主集中制原则，进行无原则的派别斗争；在和党外人士的关系上，妄自尊大，骄傲自满，不尊重人家，不学习人家的长处，不愿和人家合作等。

最低纲领、最高纲领

最低纲领通常指无产阶级政党在民主革命时期的奋斗目标。1922年中国共产党第二次全国代表大会制定的最低纲领是完成反帝反封建的民主革命。最高纲领通常指无产阶级政党的最终奋斗目标，即实现共产主义。

左倾、"左"倾、右倾

左倾是指政治上追求进步、同情劳动人民的倾向。

而带引号的"左"倾，则是政治思想上超越客观，脱离社会现实条件，陷入空想、盲动和冒险的倾向。所以，为了表示贬义，特在左字上添加了引号，即"左"倾，以区别于真正的左倾。在中国共产党的历史上，曾多次出现过"左"倾错误。新民主主义革命时期曾有三次：瞿秋白、李立三、王明的"左"倾冒险主义，甚至一度在党中央机关占据过统治地位。

右倾是指政治思想上，认识落后于实际，不能随变化了的客观情况变化、前进，甚至违背客观发展规律的倾向。右倾机会主义在政治斗争中往往放弃原则，牺牲无产阶级的根本利益而求得妥协，又叫右倾投降主义。

陈独秀

陈独秀（1879—1942），安徽怀宁人，思想家、政治人物，中国共产党的主要创建者之一及首任总书记。中国新文化运动的发起人，中国文化启蒙运动的先驱，创办了著名白话文刊物《新青年》，也是五四运动的精神领袖，中国共产主义运动的先行者，中国共产党创始人和早期领导人之一。他于1927年7月被共产国际剥夺中共党内领导职务。1929年因为在中东路事件中反对当时中共提出的"武装保卫苏联"的口号，被开除党籍。之后，陈独秀思想开始向托洛茨基靠近，对斯大林进行了批判，并于1931年成立中国托派组织。

邓小平

邓小平（1904—1997），本名邓希贤，参加革命后取名邓小平，1904年8月22日出生在中国西南最大的省——四川省的农村，是中国共产党第一代中央领导集体的重要成员和第二代中央领导集体的核心，是我国各族人民公认的享有崇高威望的杰出领导人。他在中国革命和建设的各个历史时期都作出了重大贡献，是杰出的马克思主义者和坚定的共产主义者，是中国改革开放和社会主义现代化建设的总设计师,是邓小平理论的主要创立者。

列宁

列宁(1870—1924),原名弗拉基米尔·伊里奇·乌里扬诺夫,列宁是他的笔名。列宁是无产阶级革命家、政治家、思想家、理论家,布尔什维克党创立者、苏联缔造者,任苏联人民委员会主席。他继承和发展了马克思主义,形成了列宁主义理论。他被全世界共产主义者广泛认同为"全世界无产阶级和劳动人民的伟大革命导师和领袖",也被世人认为是20世纪最伟大的人物之一。俄罗斯国家电视台2008年进行了一项关于国内最伟大历史人物的网上民意调查评选活动,经过统计,列宁位列第六,位于亚历山大·涅夫斯基、斯托雷平、斯大林、普希金、彼得大帝之后。

马克思

卡尔·亨利希·马克思(1818—1883),马克思主义的创始人,第一国际的组织者和领导者,全世界无产阶级和劳动人民的伟大导师、政治家、哲学家、经济学家、革命理论家。主要著作有《资本论》、《共产党宣言》。他是无产阶级的精神领袖,是当代共产主义运动的先驱,支持他理论的人被视为马克思主义者。马克思最广为人知的哲学理论是他对于人类历史进程中阶级斗争的分析。他认为几千年以来,人类发展史上最大的矛盾与问题就在于不同阶级之间的利益掠夺。依据历史唯物论,马克思曾大胆地假设,资本主义终将被共产主义所取代。

毛泽东

毛泽东(1893—1976),字润之(原作咏芝,后改润芝),笔名子任,湖南湘潭人。中国革命家、战略家、理论家、诗人,中国共产党、中国人民解放军和中华人民共和国的主要缔造者和领袖,毛泽东思想的主要创立者。从1949年到1976年,毛泽东是中华人民共和国的最高领导人。他对马克思列宁主义的发展、军事理论的贡献以及对共产党的理论贡献被称为毛泽东思想。毛泽东担任过的主要职务几乎全部称为"主席",所以被尊称为"毛主席"。毛泽东被视为现代世界历史中最重要的人物之一,《时代》杂志将他评为20世纪最具影响的100人之一。

斯大林

约瑟夫·维萨里奥诺维奇·斯大林(1879—1953),苏联共产党中央总书记、苏联部长会议主席、苏联大元帅,是苏联执政时间最长(1924—1953)的最高领导人,在任期间,全力进行社会主义工业化和农业集体化,使苏联成为重工业和军事大国,但同时也导致了乌克兰大饥荒。斯大林树立对自己的个人崇拜,实施大清洗，并对车臣等少数族裔进行压迫流放，严重破坏了民主和法制。第二次世界大战中领导苏联红军，与盟军协力击败轴心国，苏联领土也有了很大的扩张。战后他扶植了社会主义阵营，在冷战中与以美国为首的北约对峙。1953年3月5日因脑溢血去世。2008年，俄罗斯国家电视台举行了一次"最伟大的俄罗斯人"的评选活动，斯大林高居第三（四至六位分别是普希金、彼得大帝、列宁），仅次于亚历山大·涅夫斯基和斯托雷平。

孙中山

孙中山，本名孙文，谱名德明，字载之，号日新，又号逸仙，幼名帝象。中国近代民主主义革命先驱，中华民国和中国国民党创始人，三民主义的倡导者。首举彻底反封建的旗帜，"起共和而终帝制"。1905年成立中国同盟会。1911年辛亥革命后被推举为中华民国临时大总统。1929年6月1日，根据其生前遗愿，陵墓永久迁葬于南京钟山中山陵。1940年，国民政府通令全国，尊称其为"中华民国国父"。他是一位在海峡两岸都受到敬重的革命家，中华民国尊其为国父，中国国民党尊其为总理，毛泽东和中国共产党称孙中山为"中国近代民主革命的伟大先行者"。

《共产党宣言》

《共产党宣言》是无产阶级革命导师马克思、恩格斯受"共产主义者同盟"1847年12月伦敦第二次代表大会的委托，于1847年11月—1848年1月间共同撰写的关于科学共产主义的第一个纲领性文献。它是国际共产主义运动的第一个纲领性文献，是一部划时代的光辉文献。《共产党宣言》以辩证唯物主义与历史唯物主义为理论基础，以阶级斗争为线索，解剖了资本主义制度，阐明了资本主义的发生、发展和必然灭亡的客观规律；阐明了无产阶级作为资本主义掘墓人和共产主义创建者的伟大历史使命；论证了无产阶级革命和无产阶级专政是无产阶级获得解放的唯一道路；批判了打着社会主义招牌的同科学共产主义相对立的各种流派的所谓理论；奠定了无产阶级政党的学说，并确立了党的战略、策略、原则。

《论十大关系》

1956年12月26日，《论十大关系》在《人民日报》公开发表。毛泽东《论十大关系》的讲话，初步总结了我国社会主义建设的经验，提出了探索适合我国国情的社会主义建设道路的任务。

《矛盾论》

《矛盾论》是毛泽东哲学代表著作，它是继《实践论》之后，为了克服存在于中国共产党内的严重的教条主义思想而写的。原是1937年7月—8月在延安抗日军事政治大学所讲的《辩证法唯物论》的第三章第一节。于1952年暂收入《毛泽东选集》第二卷，再版时移入第一卷。该书运用唯物辩证法总结了中国共产党领导中国革命斗争的实践经验，从两种宇宙观、矛盾的普遍性、矛盾的特殊性、主要矛盾和矛盾的主要方面、矛盾诸方面的同一性和斗争性、对抗在矛盾中的地位等方面，深刻地阐述了对立统一规律。

《人权宣言》

《人权宣言》，1789年8月26日颁布，是在法国大革命时期颁布的纲领性文件。《人权宣言》以美国的《独立宣言》为蓝本，采用18世纪的启蒙学说和自然权论，宣布自由、财产、安全和反抗压迫是天赋不可剥夺的人权，肯定了言论、信仰、著作和出版自由，阐明了司法、行政、立法三权分立，法律面前人人平等，私有财产神圣不可侵犯等原则。

《新青年》

《新青年》是在20世纪20年代中国一份具有影响力的革命杂志，在五四运动期间起到了重要作用。16开，每月1期，每6期为一卷。自1915年9月15日创刊号至1922年7月终刊共出版9卷54期。由陈独秀在上海创立，群益书社发行。由陈独秀、钱玄同、高一涵、胡适、李大钊、沈尹默以及鲁迅轮流编辑。自

1918年后，该刊物改为同人刊物，不接受来稿。该杂志发起新文化运动，并且宣传倡导科学、民主和新文学。俄国十月革命后，《新青年》又成为宣传共产主义的刊物之一，后期成为中共早期的宣传刊物。

《中国社会各阶级的分析》

1925年毛泽东发表了《中国社会各阶级的分析》一文。他运用马克思主义的观点科学地分析了中国社会各阶级的经济地位和政治态度，辨明了中国革命的对象、领导力量、同盟军等中国革命的基本问题。他指出："谁是我们的敌人？谁是我们的朋友？这个问题是革命的首要问题。"一切勾结帝国主义的军阀、官僚、买办阶级、大地主阶级以及附属于他们的一部分反动知识分子，都是我们的敌人；中国工人无产阶级是革命的领导力量；农民是中国无产阶级最广大和最忠实的同盟军；民族资产阶级是一个动摇的阶级，在对待革命的问题上有两面性，其右翼可能是我们的敌人，其左翼可能是我们的朋友，无产阶级要时常提防他们扰乱革命的阵线。毛泽东的这篇文章，提出了关于中国新民主主义革命的基本思想。

《资本论》

《资本论》是马克思的著作，以唯物史观的基本思想为指导，通过深刻分析资本主义生产方式，揭示了资本主义社会发展的规律，同时也使唯物史观得到了科学的验证和进一步的丰富发展。《资本论》运用唯物史观的观点和方法，将社会关系归结为生产关系，将生产关系归结于生产力的高度，从而证明了社会形态的发展是一个不以人的意志为转移的自然历史过程。